商業から読み解く
「新」世界史：
古代商人から GAFA まで

商业与文明

[日] 宫崎正胜　著

田中景　译

中国科学技术出版社

·北　京·

Original Japanese title: SHOUGYOU KARA YOMITOKU "SHIN" SEKAISHI
KODAISHONIN KARA GAFA MADE

Copyright © 2020 Masakatsu Miyazaki

Original Japanese edition published by Hara-Shobo Co., Ltd.

Simplified Chinese translation rights arranged with Hara-Shobo Co., Ltd.

through The English Agency (Japan) Ltd. and Shanghai To-Asia Culture Co., Ltd.

北京市版权局著作权合同登记 图字：01-2022-5013。

图书在版编目（CIP）数据

商业与文明 /（日）宫崎正胜著；田中景译. — 北
京：中国科学技术出版社，2022.8

ISBN 978-7-5046-9628-1

Ⅰ. ①商… Ⅱ. ①宫… ②田… Ⅲ. ①经济史—世界
—通俗读物 Ⅳ. ① F119-49

中国版本图书馆 CIP 数据核字（2022）第 094027 号

策划编辑	杜凡如　刘　畅　宋竹青	**责任编辑**	申永刚
版式设计	锋尚设计	**封面设计**	今亮后声·小九
责任校对	张晓莉	**责任印制**	李晓霖

出　　版	中国科学技术出版社
发　　行	中国科学技术出版社有限公司发行部
地　　址	北京市海淀区中关村南大街 16 号
邮　　编	100081
发行电话	010-62173865
传　　真	010-62173081
网　　址	http://www.cspbooks.com.cn

开　　本	880mm×1230mm　1/32
字　　数	186 千字
印　　张	8
版　　次	2022 年 8 月第 1 版
印　　次	2022 年 8 月第 1 次印刷
印　　刷	北京盛通印刷股份有限公司
书　　号	ISBN 978-7-5046-9628-1/F·1024
定　　价	69.00 元

序

　　如今的世界正处于大变局之中，资本主义经济也进入了大转变的时代。在2020年的达沃斯论坛上，有人发出了"我们所熟悉的资本主义经济制度已经行不通了"的感慨。并主张从注重利益相关方的"股东资本主义"，转向"通过扭转两极分化局面和解决环境问题，谋求可持续发展"的"资本主义"，此类主张在达沃斯论坛占据了上风。

　　20世纪70年代以后，随着经济全球化的进展，经济证券化（虚拟化）和以覆盖全球的网络空间为基础的经济网络化趋势愈发明显，资本主义经济的面貌也发生了重大改变。

　　如何看待这一变化，是将其视为与以往的资本主义相连续的第四次产业革命，还是视为"异次元"的后工业化资本主义，各国学者见仁见智，莫衷一是。但是，毋庸置疑的是，随着互联网的普及，商业、金融业、服务业成为经济的主要支柱，产业（工业）资本的占比日益下降。就连号称制造业大国的日本，工业在其整个经济中所占的比例也仅为两成左右，在美国，这一比例甚至已经降到了一成左右。

　　近年来，谷歌、苹果、脸书①、亚马逊公司在业绩方面的突出表现、在规模上的迅猛扩张成为世人谈论的话题，不过，它们开展的主要是商业、金融以及广告宣传活动，也都没有超出以往的商业资本的经营领域。

　　以往的关于世界史的日本教科书一般将资本主义经济大体分为商业资本和产业资本（第一次及第二次产业革

————————————
① 脸书，现已改名为元宇宙。——译者注

命）。但如今，很多学者都主张要在这两者的后面加上数字资本（第三次及第四次产业革命）。不过，数字资本是以覆盖全球的网络空间的确立为前提的，与其说它是在产业资本的基础上发展起来的，不如将其视为商业资本发展的新现象。

既然如此，就可以将商业资本的发展大体划分为四个阶段：一是以欧亚大陆为舞台的漫长的陆上发展阶段；二是大航海时代以后以大西洋和印度洋为中心的海上发展阶段；三是产业革命以后依托产业资本发展起来的制造业阶段；四是商业资本依托经济全球化、证券化、数字化再度兴起的阶段。

若对上述四个阶段展开深入分析，不难发现，第一、第二和第四阶段都是以商业资本为中心，仅有第三阶段属于例外情况。因此，我们必须要对商业资本在世界历史长河中所发挥的作用进行重新审视。在重新审视之后，可能会觉得还是根据"商业史观""交换史观"阐述历史为好。世界史是以"世界"不断发展的过程作为考察对象的，但是，仅用"生产"和"分配"不能很好地解释"世界"为何不断发展。

因此，本书就是在对自古以来商业资本的发展进行回顾的基础上，徐徐铺开的一幅精彩画卷。

如今的世界是以"海洋世界"为基础发展而来的，英国、美国、日本等海洋国家，与在欧亚大陆基础上发展而来的中国、俄罗斯、土耳其、伊朗等陆地国家，再加上非洲、拉丁美洲、大洋洲各国等，构成了如今的世界。

各个国家和地区结合在一起形成整个世界，我们从交换（国际经济）、军事、外交（国际政治）等视角对世界进行全方位考察就变得越发重要。

本书将以下八个历史"足印"串联起来，构成一条概览世界历史的脉络。

（1）在美索不达米亚地区（两河流域），因粮食作物（小麦等）分布不均，商人的作用得以突显。

（2）在欧亚大陆游牧民族竞相角逐的时期，阿拉伯商人将沙漠、草原、都市结合在一起，开展商业活动。

（3）在大西洋沿岸，欧洲商人开辟种植园，建立起资本主义经济体系。

（4）荷兰商人和英国商人将资本主义经济扩展到全世界。

（5）在产业革命之后，为了宣传、推广及销售被大批量生产出来的工业产品，在城市内外循环往复的商业，以及从商业派生出来形成货币循环体系的金融业，都获得了前所未有的大发展。

（6）美国商人仿照欧洲国家构建起经济体系；犹太商人凭借英镑和美元将世界经济联结在一起。

（7）19世纪，铁路、蒸汽轮船、电报在欧洲投入商业化运营；20世纪，喷气式飞机、集装箱运输促使国际商业活动获得空前发展。

（8）如今，互联网商业通过遍布全球的网络驱动世界经济。

与以往的从农业社会向工业社会转变这种单纯的框架体系不同，本书另辟蹊径，以商人编织出来的丰富多彩的"商业空间"相互结合而形成的"世界的发展过程"作为主轴，将世界史作为一以贯之的发展过程进行解读。

在从古至今的漫长历史长河之中，商人和商业资本作为推动世界日益发展的主角活跃在世界各地，通过错综复杂的"人与物的结合"而形成的网络，从始至终都在引领世界的历史进程。以"交换"作为基石的"商业史观"，为考察世界史提供了全新的视角，对世界史有了更多的发现。

目录

第 1 章

商人为帝国的出现奠定了基础

西亚的农民、牧民、商人与"小麦的循环"

商人卓越的沟通能力加强了各部族之间的联系

自文明诞生以来,人类历史已经走过了五千多年,资本主义只不过拥有几百年的历史,但确实已经到了人们有必要对其发展历程展开深入反思的时候。对此,各国学者提出了诸多观点,试图围绕这些观点展开思考,但始终没能得出令人信服的结论。在此,不妨对资本主义做出如下定义:资本主义是通过发现、创造、利用差异,获得并积累利润的体系。这样一来,古代的商业资本就可以看作它的出发点。那么,商人是因为什么出现并开创资本主义的?其背景就是美索不达米亚地区是个气候干燥、资源匮乏的地方。一切都是从那个时空开始的。

在气候极其干燥的美索不达米亚地区,生活着农民和牧民。农民利用水来浇灌粮食作物,牧民因无法得到充足的水,只能饲养能够反刍干硬草料的山羊、绵羊和牛等偶蹄类家畜。在这样一个特殊的地方,牧民的主要食物来源,就是农民种植的耐旱农作物——小麦。

这样一来,这个地方就成为商人充分施展其才能的舞台。他们将各个封闭的部族联系起来,让粮食作物(小麦等)在集中种植的区域与不种植的区域之间循环起来,将农民与牧民联系起来。在西亚,从其经济社会结构来看,商人尤为重要,商人所开展的将小麦与家畜、畜产品、毛皮等进行"交换"的活动,成为那一片广大区域经济社会活动正常开展的基础。

商人(大多是牧民)在地中海到西亚、中亚这一广阔区域,充分利用地区差异、时间差异谋利。商人利用商业资本,创立了将农民与牧民连接起来的市场(网络)。但是,在互相封闭的各部族之间，长期以来一直存在着"互相酬答"的惯例。商人为了谋求他们的生存空间，必须设法打破由这个惯例而形成的壁垒。而要想做到这一点，就必须拥有卓越的沟通能力。商人通过笑脸和信任、共同的话题、简单的商业文字（字母）、货币等不断进化的商业手段，发挥了将农业部族与畜牧部族连接起来的作用。

商人通过日常"交换"经验的长年积累，通过一代代人的不懈努力，构建将具有不同特色的区域连接在一起的广阔的商业网络。虽然谁都无法亲眼看到商人构建起来的市场的全貌，但毋庸置疑的是，通过他们的长年努力，将各个分散的区域性市场连接起来，创立了"肉眼无法看到全貌的王国"。

与强大的部族通过武力将其他弱小部族统一起来形成的王朝的支配和保护（权利的再分配）不同，这个组织体系是在瓦解"互相酬答关系"的同时，嵌入人们的日常生活，在不知不觉中结成了非常融洽的合作关系。

商人在遥远地区开展商业活动，扩大文明世界的地理空间

在两河（幼发拉底河与底格里斯河）流域这一依靠灌溉农业而形成的粮仓地带，虽然小麦的产量非常大，但是，建筑宫殿、神殿等必需的木材，铸造青铜器必需的铜、锡等原料，灯油、香料、食用油、家庭装饰品等，经常处于供不应求的局面。在美索不达米亚地区，建筑房屋、城墙等需要的砖必须用黏土烧制并晒干，就连人们写字使用的都是用黏土制作的黑板。可以说，当时当地整个社会的骨架都是由"黏土"搭建起来的。在那样的资源极其匮乏的状态中，商业资本萌芽了。

在很长的时间里，生产青铜器所必需的"锡"，其产地仅限于帕米尔高原的泽拉夫尚河流域。公元前5世纪，腓尼基商人将产自

北欧的锡途经直布罗陀海峡运输过来，该地区才实现了锡的稳定供给。

王朝的统治者需要用奇珍异宝打扮身体，举办奢华的宴会招待高雅人士，通过与众不同来彰显其作为掌权者的尊严。人不能像孔雀那样用自己的羽毛装饰身体，所以，统治者显示自己权威的豪华之物（奢侈品），都要由商人为其采购。权威和权力必须要通过别人的视觉化才能显示出来，即使在古代，同样也是"人靠衣装佛靠金装"的（打扮也是很要紧的）。

为了满足一些人穷奢极侈的生活需要，连接遥远区域的商业活动开始兴盛起来。对于商人来说，价格贵且受欢迎的奢侈品的生意是最理想的。商人们从周边的日常用品市场奔向更加遥远的地方，开创了地理范围辽阔的广域商业圈。例如，在美索不达米亚地区，深受人们欢迎、被称为"青黛""琉璃"的青金石，产地在遥远的阿富汗；作为饰品而被人们珍视的琥珀，是途经波罗的海运来的；作为香料而备受人们欢迎的乳香，产地是东非和阿拉伯半岛南部；在中国备受欢迎的玉，产地是中亚。

从欧亚大陆奔向各地的粟特商人

在这个时候，活跃于广阔区域的国际商人也开始出现了，那就是粟特商人。他们开辟了被称为丝绸之路的商业通道。

粟特商人利用雪山融水，沿着帕米尔高原、天山山脉等山脚之下的原野开辟出了片片绿洲，然后将它们连接起来，在沙漠的周边建起了面积广大的商业网络，最终将其拓展为连接欧亚大陆东西两端的丝绸之路。

在中亚地区有两条大河，一条是将西亚和中亚分开的阿姆河，另一条是与大草原的"游牧世界"相接位置的锡尔河，粟特人正好生活于这两条河中间。

　　这一地区曾经是发源于东部帕米尔高原的泽拉夫尚河流域的粟特商人活跃的据点。狭义的粟特是指以撒马尔罕、布哈拉为中心的广大绿洲，出生在这个地方的粟特商人将西亚、印度和中国这三个国家和地区连接起来。

　　粟特商人将四个处于欧亚大陆干燥地带的区域连接起来：一是经由伊朗高原呼罗珊（现名霍拉桑）地区到美索不达米亚地区；二是经由兴都库什山脉到印度北部；三是经由锡尔河到美索不达米亚大草原的游牧世界；四是经由塔里木盆地的天山山脉和昆仑山脉的山麓到达古代中国的广大农业地带。他们就在这片广袤的地区开展各种商业活动。

　　直到商业中心从8世纪到9世纪转移到印度洋等地之前，丝绸之路一直都在发挥着连接欧亚大陆东西两端极其干燥地带的大动脉的作用。

商业的本质就是构建网络

"旅行"是商人的基本活动

　　商人的基本活动就是"旅行"。商业活动又称商旅活动。商人为了实现小麦的顺畅循环，扮演了广大区域的秩序维持者的角色。要想将各个不同的部族结合在一起，获得各部族的信任、掌握各部族的语言和文字变得非常重要。将商人花费时间和精力构建起来的这个连接人和物的市场称为"无形的世界"，并不夸张。

　　以往的历史学家大多是基于"生产"和"分配"对于一定的区域进行考察，而日本著名的哲学家、文学家柄谷行人（1941—　）在其著作《世界史的构造》中，通过三种不同的交换方式来理解和把握世界史。这三种交换方式分别是共同体（互相酬答）、国家（统治和再分配）和资本（商品交换）。

片面强调"生产"和"分配"，忽视促使"世界空间"不断膨胀的"交换"，容易以由农业社会发展到工业社会为主线，得出过于简化的历史理解，并且这种理解只适用于具有同质性的部分地区，无论怎样将这些地区拼凑在一起，都难以看清整个"世界"的变化过程。而只有以交换的扩展引发社会"膨胀"为切入点，才能成功地描绘出世界史的巨幅画卷。

从丝绸之路、印度洋贸易、大西洋贸易、三次产业革命直至如今的互联网商业，商人开展的交换活动使商品交易规模和交易空间都得到了不断扩大。在这一过程中，人类社会由农业社会向工业社会转变，也发生了难以计数的政治变革。

商人为了将商品卖出好价钱，必须围绕商品的差异、功效等开展广告活动。商业资本的主要模式很大程度上就是广告宣传。有的商人看起来是不经意地，实际上却是很努力地改善商品的外观形象。可以说，商业资本的发展过程，也是商人不断开展广告宣传的过程。在产业革命发生后，为了刺激消费者购买大量生产出来的商品而开展的广告活动，以及为了将商品与消费者连接起来的流通，就变得更加重要。在生产全球化的时代，广告宣传利用报纸、广播、电视、互联网等媒介渗透到各种私人空间和公共空间。

虽然如今已经进入互联网经济时代，但以谷歌、苹果、脸书、亚马逊等为代表的大型企业仍然以广告宣传收入作为其主要的收入来源之一，在全球范围内开展服务业、金融业、商业活动。

将"国家""世界"等理解为网络，成为我们描绘世界历史长卷的前提。古代商人的活跃领域，是通过共同的语言、简单的商业文字、货币等构成的日常生活空间。一切都是从这种看似平常的网络开始的。

广泛使用的语言和商业文字（字母）

现存的一些语言及文字，是源于商人使用的看似简单、使用范围却很广的语言和文字。叙利亚的阿拉米人、黎巴嫩的腓尼基人等，为了扩大与众多部族之间的交易，将埃及人的象形文字、美索不达米亚地区的楔形文字等简化，形成字母，并利用这些字母不断扩大他们的商业领域。

以叙利亚的大马士革为中心，在沙漠地带开展商业活动的阿拉米人使用的阿拉米文；活跃在丝绸之路上的粟特人使用的粟特文；黎巴嫩的腓尼基人使用的腓尼基文；在爱琴海周边国家使用的希腊文等，都是具有代表性的商业文字。

生活在商人周围的人们也愿意采用已经体系化的商业文字和商业文明。波斯人借用了阿拉米人的文字，希腊人则借用了腓尼基人的文字。

我们可以看出，现在世界上所使用的一些文字，是由商业文字发展而来的。世界上古老的文字，主要有中国的汉字、印度的婆罗米文（在公元前3世纪的阿育王时代，曾被人们所使用，出自何种语系至今未解）、美索不达米亚地区的楔形文字和埃及的象形文字。

商人的交换网络（市场）虽然从部族社会来看与他们的关系不大，基本上可以说是外面的世界，但是统治者却将其视为统治国家的血管和神经。市场是人为地构建在各部族的土地之上的，由各地的交易惯例、地理信息和各种知识支撑起来的网络。

楔形文字的起源

与汉字不同，美索不达米亚地区的楔形文字是人们使用削尖的木棍或芦苇秆刻在没有干燥的软泥板上的，所以，楔形文字往往笔画较少。并且，楔形文字的起源与其他文字不同，它有一套自己的文字系统，而经济因素对于楔形文字的起源起到了非常重要的影响。

美索不达米亚地区分布着多个各自独立的城市国家。这些国家的居民都必须为神殿奉献劳务、财物乃至生命，因为这是关乎宇宙和自然秩序的"天大"的事情。

在幼发拉底河中下游的乌鲁克、乌尔等王朝，神殿保管着大量的粮食作物和家畜。为了计数和记录上的方便，人们用黏土做成大量直径约1厘米的圆锥形或其他形状的泥块，这种制品被称为"陶筹"。人的记忆力有限，在管理大量的物资方面，这些陶筹发挥了非常重要的作用。

20世纪70年代，法国考古学家丹尼丝·施曼特–贝瑟拉（1933—　）在其著作《文字起源》中，提出了楔形文字是从陶筹演变而来的观点。在该书中，作者推断，陶筹是计算神殿的粮食作物、家畜数量的一种记号，在当时就是用来计算物资数量的工具。

公元前3100年左右，在乌鲁克诞生了美索不达米亚地区最古老的文字，对于这一点，各国学者基本达成了共识。当时的乌鲁克横跨尼罗河流域和伊朗高原，是一座幅员辽阔拥有大规模商业网络的经济都市。贝瑟拉推断，在乌鲁克，陶筹是用模具在软泥上扣压做成的，当作"记号"使用。人们从这些不同形状的陶筹中，发明出了图画文字，进而又发明了楔形文字。文字所发挥的功能不断扩展，从管理物品的手段逐渐变成了交易手段。

到了公元前2500年左右，在美索不达米亚地区，人们所使用的楔形文字已经达到600字左右，方便程度显著增强。至今，在该地区已经出土了刻在软泥板上的经济方面的楔形文字文献约50万份，其中八成以上与神殿对粮食作物等的库存管理以及买卖相关。

货币的起源及其演化

商人曾被视为共同体的外人

要想实现粮食作物的交换，就必须在不特定的人们之间开展，因为往往有一部分人不需要或短期内不需要这种粮食作物。那么，就有一种无论与谁都可以简单且安全地进行交换的工具被人们发明出来，这种工具就是货币。在货币没有被发明出来的时代，人们要想交换某种物品，就必须先找到交换对象——需要这种物品的人，并且在交易时通常都要遵守不同部族的惯例。货币被发明出来用于交易后，人们就很容易地从上述制约中解脱出来。得益于货币的出现，各种费时费力的交换都可以轻而易举地进行。

货币可以在并未有紧密接触的部族之间开辟出市场（网络）。尤其是对于不种植粮食作物的牧民来说，随时可以用来交换粮食作物的货币，成为他们不可或缺的东西。

由牧民建立的阿卡德王朝（约公元前2334—约前2154）以及此后的各王朝，都积极自觉地担负起保护途经沙漠、草原的商队的任务。

商人对于封闭的部族（共同体）来说属于外人，他们通过开展商业活动才过上了富裕的生活。但是，即使他们积累了相当多的财富，仍然无法融入共同体内部，在生活方面有诸多不便。例如，在古希腊的雅典，即使是最有钱的商人，也被称为"居留在此的外国人"，不被视为部族的成员，不被允许拥有土地、房屋和马匹，也不被允许举办宴会活动。

关于货币的由来，理论上主要有两种观点，一是商品货币说，二是信用货币说。前者认为，在长年的物物交换的过程中，黄金、白银等贵金属的价值逐渐得到了人们的认可，就成了货币；后者认为，由国家保证了价值的、获得了万能的"兑换证"——信用的东西，就成了货币。

美索不达米亚地区各国货币的制作材料，逐渐地收缩到白银这种贵金属上来。最初，人们从土耳其到伊朗一带的山岳中开采出来的银矿，会按照一定的重量分装到一个个袋子中，运输出去，商人们便将这些成袋的白银当作货币使用。后来这些袋子逐渐走向标准化，"舍客勒"①成为当时最主要的货币。

顺便提一下，在文明诞生之初，白银的价值远远超出黄金。这是因为，黄金常以沙金（砂金）等形式被人们直接获得，而白银则必须经过精炼。不仅如此，白银被选为货币，还因为白银对于当时的人们来说有一种神秘感。与黄金被人们比喻为"太阳"相反，白银被人们比喻为"月亮"。在美索不达米亚地区，人们通过月亮的圆缺感受到时光的飞逝。时圆时缺的月亮被人们当作"挂在天空上的大钟表"，人们觉得月亮很神秘。将在物与物、人与人之间不断流通的白银视为"交换的象征"的观点，能够被更多的人接受。

初期的货币是称量货币

对人们来说，货币的"简单、方便"是首要的。商人对银块进行加工，制造出了货币。

牧民阿卡德人在统一美索不达米亚地区后，建立起阿卡德王

---

① 1舍客勒内含8.3克白银。——译者注

朝，开始使用便于携带和运输的称量货币进行交易。

由于商人的日常活动就是"旅行"，所以，便于携带的白银就变得非常重要。通常，人们将称量货币做成容易切割的螺旋状的细棒，并根据情况，用不同长度的银棒进行交易。此外，相同克数但大小不一的银环也是称量货币的一种。

乌尔第三王朝（公元前2112—前2004）时期，人们开始用银块的重量表示各种商品的价值，依靠白银建起了庞大的商品交易网络。

随着白银对人们生产生活领域的不断渗透，越来越多的人产生了"白银"本身就拥有很高价值的错觉（货币错觉）。人们开始将白银作为蓄财方式之一，甚至开始将白银放贷以收取利息。

物物交换曾在古埃及长期存在

古埃及以农业为主，牧民数量很少。因此，物物交换曾经长期存在。虽然有外来的商人开展远距离商业活动，但货币在很晚才出现。公元前5世纪，古希腊历史学家希罗多德（约公元前484—约前425）在其著作《历史》中指出："埃及是尼罗河的赠礼。"尼罗河周期性的洪水泛滥为人们带来了肥沃的土壤，但阻碍了古埃及商业发展。由于人们大都了解对方产品的价值，物物交换得以长期持续。

尼罗河上游的努比亚地区，当时是世界著名的黄金产地。从公元前4000年到公元前后，世界黄金产量的九成都出自努比亚地区，每年约有1吨的黄金从这里运往埃及。但是，在古埃及，黄金主要用于法老的穿戴打扮，维护法老神圣威严的形象。物物交换是古埃及人普遍采取的交易方式，货币的用途非常有限。古埃及国王——法老把自己的名字刻在每一根金条上，并指定专人管理，用来制作自己的随身用品。古埃及国王的陵墓里会堆放大量的黄金。

古埃及新王国时代的国王图坦卡蒙的陵墓在3000多年的时间里一直保存得较为完整。该陵墓一经出土便震惊世界。该陵墓中出土了黄金面具、黄金宝座等大约110千克的黄金制品。

与美索不达米亚地区的国家不同，在没有农民和牧民混住的埃及，货币和商业的发展都严重滞后。我们从其黄金的用法就可以明白其中的缘由。

《汉谟拉比法典》讲述的商业社会

"以银还眼，以银还牙"

公元前18世纪前后制定的《汉谟拉比法典》，可以让我们清楚地看到，当时白银已经深深地渗透到社会各阶层的生活之中。

作为牧民的亚摩利人征服苏美尔人之后，建立起巴比伦第一王朝（公元前1830—前1530），其第六代国王汉谟拉比（在位时间约为公元前1792—前1750）制定了《汉谟拉比法典》。该法典因提出"以眼还眼，以牙还牙"的同态复仇原则而闻名于后世。

在伊朗西南部的苏萨，人们发现了刻在高度2米多的玄武岩上的《汉谟拉比法典》，现收藏于法国卢浮宫美术馆。《汉谟拉比法典》也是讲述当时银块作为货币渗透到社会之中的珍贵史料。在那个时代，为了遏制各部族之间的民间纠纷，王朝按照同态复仇的原则来代行处罚。但是，如果半自由民和奴隶被自由人打伤，自由人就可以用银块作为赔偿，了结纠纷。

"以眼还眼"是《汉谟拉比法典》的第198条规定的。但是，在自由人打伤了半自由人的眼，或者是自由人将半自由人打得骨折的情况下，自由人只要支付白银1弥拿（60舍客勒，约500克的银块）作为赔偿就了结了。同态复仇虽然是为了避免部族之间的私人纠纷而制定的规则，但该规则只适用于自由人之间的打斗，不适用于半自由人和奴隶。

看了《汉谟拉比法典》关于外科医生的手术所做的规定，就更容易明白了。外科医生治好了自由人的伤，挽救了他的性命，外科医生就会得到10弥拿白银的酬金，但如果患者是半自由人，医生得到的酬金就是5弥拿，如果是奴隶，其主人只要支付给医生2弥拿就可以了。但是，问题在于前面讲的外科医生和患者之间的医患纠纷不能按照同态复仇来处理。《汉谟拉比法典》规定，如果外科医生没有把自由人治好而是治死了，那么就以砍掉外科医生的手指作为处罚；如果是把奴隶治死了，外科医生赔偿同等价钱的奴隶就可以了。如果严格按照与患者之间同态复仇的原则进行处罚的话，对于手术失败的外科医生都要砍掉手指，那么用不了多长时间，全国就不会再有外科医生了。所以，就有了用白银来赔偿的必要。

《汉谟拉比法典》第274条规定了木匠、刻印章的工匠等匠人按照白银支付每天工资的标准。可见，古代就有了"同工同酬"的规定。并且，在有人因遭遇强盗而丧命的时候，即使强盗仍然逍遥法外，治安官也要支付给受害人的家属1弥拿的白银作为赔偿。这也算是对王朝维持社会治安工作做得不好的惩罚。

《汉谟拉比法典》里还有关于财产权的明确规定。要想让渡财产的所有权，必须将交易的契约刻在软泥板上，如果没有契约就让渡所有权，那么取得所有权的当事人就会被视为强盗而受到处罚。可见，该法典倾向于保护商人的利益，其条文中融入了商人的想法。

商人收取的过高利息对部族社会的发展构成威胁
在部族社会，强者扶助弱者是人们认可的基本原则，放贷并收取利息的行为为人们所不齿。部族社会的借贷与"金融"的原理完全不同，属于互相酬答行为。但是，在粮食作物不足常态化的社会生活中，借钱借物乃寻常之事。否则，人们的生活就会很艰难。

这样一来，借贷资本就从商业资本中分离出来。把粮食作物或白银借给别人以收取利息的业务，被视为与饲养家畜用来繁殖幼崽的行为相似，"金融"逐渐被人们认为是合乎情理的事情。试想一下，从商业资本中派生出来的"金融"同样也可被视为随时间的推移而开展的价值的"交换"。金融可以被认为是由钱代替人在一定的时间之内"劳动"的制度安排。

与此相反，古希腊哲学家亚里士多德（公元前384—前322）花费了近半生的时间和精力对部族社会展开研究，他在著作《政治学》中，对上述金融行为展开了批评。

《汉谟拉比法典》第89条对通过贷款获得利息的行为做出了限制性规定，为了防止民众陷入穷困，人们放贷粮食作物最高可收取33%的利息，放贷白银最高可收取20%的利息。违反此规定的人将被没收财产。另外，在其他条款中，对于借款的返还做出了严格规定：①当借款人不履行还款义务时，借款人将被关进监狱，或者沦为债权者的奴隶；②作为借款的抵押被引渡过来的借款人的妻子及其儿子要在债权人家里从事三年义务劳动。

小商人被大商人派出去承担考察任务

在汉谟拉比王朝，由商人承担"粮食作物的循环"职能。《汉谟拉比法典》的第99条到第104条规定，在巴比伦第一王朝，被称为塔木卡的大商人建立了掌握特权的商业行会，将那些下属的小商人派往各地考察，并让他们开展多种销售活动。

被塔木卡雇用派往各地的小商人开展销售粮食作物等商业活

动，依靠每天获得的报酬维持生活。他们还必须履行如下义务：一是记录资金和商品的进出情况（流水账），并向大商人汇报；二是把收据交给生意伙伴。大商人建立起来的商业网络，是为了维持王朝的秩序服务的。

《汉谟拉比法典》规定，在小商人没能履行应尽的义务时，必须做出从大商人那里接收的委托金的2倍金额的赔偿；如果发生损害，大商人可向小商人提出赔偿要求。商人构建起了将各个部族的牧民连接在一起的网络。

《汉谟拉比法典》第99条至第107条规定，被国王授予特权的官员将银块贷给代理人，让他们代替自己开展商业活动。看来王朝的官员也将商人组织起来，让他们开展一些对公的交换活动。

商人将西亚和地中海的贸易贯通

叙利亚商人和黎巴嫩商人

地中海周边的国家在植物生长的夏季降水量偏少。雅典每年的降水量仅为400毫米左右，与西亚草原的降水量大体相同（沙漠的年均降水量为250毫米以下，草原为500毫米以下）。

无论是西亚国家还是地中海国家，要想构建广域商业圈，必须穿越沙漠、草原、荒野、海洋等人口稀少的地带。因为王朝的管制无法触及沙漠和大海，这些地方就成为冒险商人集体活动的乐园。广大的商人们共同享有关于政治、地理以及商品的各种信息，在相互帮助的过程中扩展着商业渠道，培育出"无形的王国（市场）"。正如前文所讲的，商人的基本活动就是"旅行"。

商人利用河流、沙漠、草原、海洋将各部族与商品连接起来，不断扩大着他们所构建的商业网络。美索不达米亚地区的商业以三条通道为中心不断拓展：一是将底格里斯河、幼发拉底河和土耳其相连接的"大河通道"，二是将美索不达米亚地区与地中海、阿拉伯半岛南部连接起来的"沙漠通道"，三是直达印度洋的通道。

在北非到西亚的沙漠地带，骆驼商队的规模不断扩大；在连接地中海、土耳其南部、美索不达米亚地区的叙利亚沙漠，为了避开炎热的夏季，每年都开展三四次的驼队运输；在地中海和土耳其的矿产资源丰富的地带、连接美索不达米亚地区的沙漠地带，最具有代表性的商人是以叙利亚的都市大马士革为活动据点的阿拉米人（从阿拉伯半岛迁移过来的闪米特游牧民）。

公元前1100年前后，大马士革的主要河流是巴拉达河（古希腊语的意思是"金色水流"），该河流的流域形成了面积约为370平方千米的大片绿洲。阿拉米人在该河流域兴建了多条运河和道路，他们利用巴拉达河、绿洲、运河、公路构建了巨大的商业网络，开展着各种商业活动。

叙利亚在公元前8世纪被纳入统一了美索不达米亚地区的新巴比伦王国（公元前625—前539），后来又被纳入史称"世界帝国"的波斯帝国的版图。但是，无论是新巴比伦王国的首都巴比伦，还是波斯帝国的首都苏萨，商品流通都被阿拉米商人所控制。在波斯帝国，阿拉米语成为官方语言。

在与叙利亚相接的地中海东部的沿岸地区，由腓尼基人控制了地中海的商业。地中海沿岸地带，夏季受地中海气候的影响通常都是风平浪静的好天气，由腓尼基人开展的海上贸易逐渐兴盛起来。

腓尼基人在公元前8世纪希腊人崛起之前的大约300年期间，与波斯帝国建立了良好关系，并掌握了东地中海商业的主导权。希腊人为了从腓尼基人手中抢走商业霸权，在亚历山大大帝统治时期，发动了历时十余年的东方远征（公元前334—前324），后来又与罗马联手在长达一百多年的时间里发起三次布匿战争（公元前264—前146）。地中海沿岸地区在商业方面发挥着非常重要的作用，对于这一点，我们通过如下三个事例就足以想象到。

（1）古代巴勒斯坦地区的犹太商人，将各地区的文明综合在一起，创立了一神教——犹太教。

（2）叙利亚及东地中海的商人阿拉米人、腓尼基人所使用的字母，成为欧洲、西亚、中亚地区很多文字的源头。

（3）据考证，世界上最初的硬币出自叙利亚周边的矿区以及土耳其半岛西部。

因人口大流散引发的犹太商人的迁徙和商业网络的拓展

在通常情况下，商人都有其相对固定的中心都市或中心区域，但是，在历史上也曾出现过商人并不被某一特定区域所束缚，而是活跃在网络上的情形。西亚的犹太人、中国的从中原地区迁移到南方地区的"客家人"以及移居海外的华侨等，都有相当比例作为活跃在网络上的商人。

犹太人又称希伯来人，最初居住在幼发拉底河东岸，以畜牧业为生。在迁移到距埃及最近的古代巴勒斯坦地区之后，都变成了商人。但是，到了公元前6世纪末，巴勒斯坦被新巴比伦王国征服，大批犹太人（无论是贵族还是平民）都被作为俘虏押送到巴比伦，这就是历史上的"巴比伦之囚"事件。这个时代出现了许多预言家，犹太教就是在这个时期形成的。后来，新巴比伦王国被波斯帝国征服，这些"巴比伦之囚"才得以解放。但是，大部分犹太商人都没有返回巴勒斯坦，而是继续留在商业都市巴比伦，淋漓尽致地发挥着他们的商业特长。

此后，在地中海沿岸崛起了罗马帝国，由于犹太人奋起抵抗罗马的军事占领，被激怒的罗马军队拆毁了位于耶路撒冷的犹太教神殿，强迫犹太人从巴勒斯坦迁走。这样一来，犹太人的家园被罗马人占领，犹太人被迫迁移，这一事件被称为犹太人的"大流散"。被罗马军队从巴勒斯坦驱赶出来的犹太人逐渐成了国际商人，成为活跃在商业网络上的人。

迁移到地中海沿岸和西亚的犹太人被迫落脚在世界各地，作为网络上的商人继续谋求生存和发展。与拥有一定国土的王朝不同，关于犹太人构建的商业网络的兴衰几乎没有文字记录下来。不过，当时的犹太人人口数量较多，大约占地中海沿岸国家总人口的一成，由此可以推断，在地中海沿岸和西亚的商业领域，犹太人无疑占据举足轻重的地位。

德国经济学家维尔纳·桑巴特（1863—1941）认为，大流散反倒增强了犹太人的团结，"他们自大流散以后历经几个世纪，尽管处于分散状态，但正是得益于分散，他们才过着被隔离的生活。正是由于被隔离，他们最后才得以团结在一起。不如这样说，正是因为团结在一起了，他们才因此懂得了分散的好处"。

犹太商人以广域商业网络和长期积累的货币、信息、商术为强有力的武器，作为广域商人和放债人，拓展了资本主义的地理空间。桑巴特认为，犹太人为近代资本主义经济奠定了基础。

硬币的出现引发商业的膨胀

货币的作用增强和市场的迅猛扩大

距今约2700年前，在位于叙利亚北部、土耳其西南部的矿产地带，由国王发行的便于交易的"硬币"诞生了。

硬币诞生以前的货币是称量货币（按重量大小开展交易的银

块），根据银块（商品货币，即有实物支持的货币）重量衡量商品的价值；硬币诞生之后就变成了刻有由国王担保价值之印的"国家货币"。因为硬币是国王保证了价值的货币，故又称"信用货币"。

国王在硬币上刻印对白银做出的品质保证，也可被理解为货币价值本身得到了保证。以往用银块进行交易时，都必须测量银块的"纯度"和"重量"，而硬币就省去了这些麻烦。因此，商业的交易规模迅猛扩大，可以说，这是一场由硬币引发的商业革命。硬币保证了货币的等质性（同样面值的硬币质量相等），促使其流通范围迅猛扩大。虽然国王掌握着货币的发行权，但是，商品交易的规模得以迅猛扩大，商人获得了比此前更大的利益。

交易量的迅猛扩大，为此后的王朝或帝国的形成奠定了经济基础。并且，交易规模的扩大也带来了更多的商机，商业资本得以迅猛发展。

世界首枚硬币的诞生

土耳其南部的山岳地带是西亚最有代表性的金、银、铜的产地，沿着幼发拉底河运往美索不达米亚地区的中心地带。在公元前7世纪末，土耳其西南部的吕底亚王朝（公元前7世纪—前546）的国王巨吉斯发行了名为琥珀币的硬币。但是，这种货币因缺乏合理性，基本上没有流通多长时间。制造这种硬币的材料是一种金和银混杂在一起的自然合金，出自银金矿。因为是自然合金，金和银的比例就无法确定。人们用这样的贵金属作为价值尺度，显然是不合适的。

那么，银金矿中的合金为何被选为制造硬币的材料呢？大概是因为这种金属兼具"太阳"和"月亮"的含义。

琥珀币诞生的时期恰好是美索不达米亚地区以白银为中心的经

济形态与埃及以黄金为中心的经济形态相互影响的时期，银金矿被国王用来制作硬币，也是顺理成章的事情。我们也可以推断，琥珀币在当时主要是作为国王为大臣颁发奖牌和勋章而用的。随后，国王阿律阿铁斯二世（公元前619—前560，在位时间为公元前591—前560）发行了刻有狮子（他用狮子作为自己的象征）纹章的硬币，其主要目的有两个，一是保证硬币的品质，凭借国王的权威保证货币的价值；二是防伪。

商人即使丧失了硬币的发行权也没有受到损失的原因

35岁登上吕底亚国王宝座的阿律阿铁斯二世的儿子克洛伊索斯（在位时间为公元前560—约前547），将硬币变成了金币、银币这些非常方便的交换介质。

他不惜重金招揽的能工巧匠从银金矿中成功地将金和银分离出来，并铸造了金币和银币。后来，价值稳定的金币和银币问世，确立了以硬币的畅通为基础的稳定经济体系。

克洛伊索斯让工匠从银金矿分离出金块和银块，然后分别加工为金币和银币，在硬币的正面分别刻上狮子纹章和公牛的半身像，在背面则制作出长方形的凹陷部分用以保证硬币的价值。在硬币出现之前，每次交易时都要用试金石测出金块和银块的纯度，再称量金块和银块的重量。在硬币出现之后，只要人们查清楚硬币的"枚数"，就可以顺利地开展交换了。

用起来如此方便的硬币被商人们视为宝贝，国王从中获得了巨大的利益（发行货币带来的利益）。在欧洲，货币发行利益、货币发行特权都意味着领主的特权，在经济学上被称为"铸币税"。

随着大量的硬币在市场上流通，吕底亚国王克洛伊索斯成为大富豪。随着大富豪传言的扩散，在波斯语和希腊语中，"克洛伊索斯"成了表示"富人"意思的词。

古希腊历史学家希罗多德在其著作《历史》中,记录了被后人誉为"古希腊七贤之一"的梭伦(约公元前638—前559)到访吕底亚与国王克洛伊索斯的对话。当时,大富豪克洛伊索斯控制着位于爱琴海东岸的希腊的大部分城市。

获取了巨额财富的克洛伊索斯自豪地说:"身为富豪的我是世界上最幸福的人。"梭伦说出的一番话仿佛对他泼了一盆冷水:"在世界上有比金钱更重要的东西。眼前的幸福不会跟随你一辈子。"梭伦的话被克洛伊索斯当作了耳旁风,根本没有在意。但是,后来克洛伊索斯在一次围猎野猪时,失手射杀了自己的儿子。最后,他的国家被波斯帝国的首任国王居鲁士二世(在位时间为公元前550—前529)灭掉。关于这件事情,流传着情节各有差别的许多版本,从中可以悟出"人生无常"的道理。

希罗多德针对诞生了克洛伊索斯而且热衷于商业活动的吕底亚人做了如下阐述,"吕底亚的年轻女性将陪嫁钱随同自己一起带到丈夫身边,然后以她们自己认为妥当的方式花掉。吕底亚人把黄金和白银铸造成货币并用于零售"。

从"货币错觉"中醒悟过来的国王弥达斯

随着外观精美的硬币使用范围的不断扩大,本来只不过是物与物的"兑换凭证"的硬币却被人们误认为它本身就是"财富",并且,产生这种"货币错觉"的人越来越多。随着人们错误地将金和银当作财产的风潮愈演愈烈,古典经济学的创始人亚当·斯密(1723—1790)在其不朽名著《国富论》中对这一现象给予了抨击,他指出,"将收集硬币等同于财富积累是错误的"。

流经吕底亚的首都萨狄斯附近的帕克托洛斯河为什么盛产沙

金，神话故事"关于国王弥达斯的传说"揭示了谜底，这个神话故事如今经常被作为货币错觉的案例来引用。

这个故事后来被收录到希腊神话中。故事的大致情节是这样的，有个不太富裕的城市国家——培希努，国王的名字叫弥达斯。一个偶然的机会，弥达斯救了丰饶之神狄俄尼索斯（古希腊神话中的酒神）的养父的性命，狄俄尼索斯为了表达对弥达斯的感谢，答应会满足弥达斯提出的任何一个愿望。于是，渴求财富的弥达斯提出了他的愿望，那就是让他拥有只要他所接触的所有东西都变成"黄金"的能力。狄俄尼索斯听到他的这个愿望之后，立刻满足了他的愿望。从此，弥达斯就拥有了"点石成金"的能力。

欣喜若狂的国王弥达斯将石块、树枝等都变成了金子。但是，当他拿起食物时，发现食物变成了金子无法下咽；当他最心爱的小女儿来到他面前时，国王非常高兴想要抱起来，却因为手指碰到她，将她变成了一尊金雕塑。国王非常吃惊，当他醒悟过来之后，他对自己提出的愚蠢愿望感到非常后悔，悟出了"金钱并不是万能的"这个道理。失魂落魄的弥达斯在狄俄尼索斯面前哀求其收回自己点石成金的能力，狄俄尼索斯看他哭得可怜，答应了他的请求。弥达斯终于回到正常的生活中。

醒悟过来的弥达斯对于此前自己对于黄金的执着追求感到非常羞耻和悔恨，后来他一门心思地投身乡下的农活之中，成为牧神潘恩的信徒，并过着非常朴素的生活。

亚里士多德对商人的赚钱之术非常反感

古希腊的哲学家亚里士多德在其著作《政治学》中引用了弥达斯的故事，并发出如下的感叹，货币归根到底无非"为了使交换变得容易的手段"，但不知从何时开始人们产生了"货币错觉"，致使"拜金主义"愈演愈烈。

亚里士多德把获得财富的方法分为"家务之术"和"商业之术"（货币繁殖），对于容易导致财富过分积累的后者持批判态度。他所思考的经济，可以说是为了满足部族成员需求的生产和储蓄。

人们对于货币产生的另一个误解，就是人们把只不过是流通的媒介（手段）的货币视为衡量是否"公正"的工具。历史上，货币本来是部族首领聚财的手段，但是，硬币的发行和流通，就使人产生了王朝、帝国都是"公正的组织体系"这样一种错觉。

波斯国王和亚历山大大帝都命人将自己的肖像刻在硬币上，可能也是想给人造成一种自己是"公正秩序的捍卫者"的印象。

第 2 章

波斯和罗马都曾是商业帝国

与商业密不可分的公路和货币成为波斯帝国的骨架

世界史的一半都被"世界帝国"所涂写

城市自诞生之日起已经过去了2500余年，商人开创的"无形王国"（商业网络、市场）拓展到海洋、沙漠、荒野、山岳、草原等的边界，产生了由道路网、共同的语言、货币、商业文字、各种各样的人结合而成的巨大空间。建立在这一巨大空间之上的政治架构就是"帝国"。

帝国由于统治体系不健全，官员的数量不足，所以，统治者对于基层的管理只好委任给地方的部族等。当时，由于统治者不可能做到对国家的全盘掌控，官员（特别是基层官员）的腐败事件频繁发生。

自不待言，帝国的动脉及神经系统都是此前由商人建立起来的陆路和水路。为了维持帝国的正常运转，粮食作物的运输，物品、人员的往来，军队的转移等，都必须依靠道路的养护和驿站的建设等。

公元前6世纪建立的波斯帝国、公元前1世纪建立的罗马帝国那样的统一管理多个部族、民族的大国，都可被称为"世界帝国"。但是，像欧亚大陆西部的那些帝国，都是依靠商业文字、硬币维持的商业帝国。

从大约2500年前到20世纪，欧亚大陆上有多个帝国兴衰更替。如塞尔柱帝国、蒙古帝国、奥斯曼帝国、莫卧儿帝国等。

虽然人们很难对这段历史做出准确梳理，但是在"欧亚大陆的历史"中，帝国并立的时代大约占整个时代的一半。美国历史学家伊曼纽尔·沃勒斯坦（1930—2019）以商人创建的"市场"为基准，把世界历史划分为三个阶段：①微型体系阶段。帝国出现以前，自大约5000年以前开始。②世界帝国阶段。帝国出现以后，自大约2500年前开始。③资本主义经济体系阶段。自大约500年前开始。

第①阶段持续了2500年，第②阶段同样持续了2500年，第②阶段和第③阶段并存的时间约为500年。不过，从现在的国际政治格局来看，在欧亚大陆，"世界帝国"的残余仍然以多种形式存在着。

沃勒斯坦对世界体系划分出的三种类型，可以说是对匈牙利经济学家卡尔·波兰尼（1886—1964）所做划分的呼应。波兰尼从"经济大一统"的角度将世界史划分为互相酬答、再分配和交换这三种类型。

在埃及、美索不达米亚等地，统治者与农民建立了一种互利关系。具体来说，掌握政治权力的统治者兴修水利、将大片土地提供给农民，从这些土地上得到收益的农民向国家纳税。这就可以说是形成了一种"互相酬答"的关系；统治着幅员辽阔的区域、坐拥着"粮食作物的循环"的帝国，通过消除互惠、赠予等关系，将从粮仓地带征收来的粮食作物分配给牧民等不耕种土地的人。这就可以说是构建了一种"再分配"体系；到了大航海时代以后，通过"交换"，整个世界进入了资本主义经济体系阶段。

如果将上述沃勒斯坦的划分（微型体系、世界帝国、资本主义经济体系）与波兰尼的划分（互相酬答、再分配、交换）组合在一起，对世界史进行重新梳理的话，就可以划分为如下三个阶段：①公元前3000年左右，微型体系（城市国家开始出现）。"互相酬答"是基本的经济形态。②公元前500年左右，世界帝国开始出现。在广阔区域构建起来的粮食作物"再分配"是基本的经济形态。③公元1500年前后，资本主义经济体系得以形成。海洋和陆地被资本主义国家利用。大规模的"交换"是基本的经济形态。

商人在以血缘关系结成的部族社会之上构建起人为的网络。在第①阶段，在部族以外，商人不断拓展其"无形王国"，形成了粮食作物的循环体系；在第②阶段，帝国有组织地将商人的"商业基础设施和商业活动"纳入自己的体系之中；在第③阶段，市场发展成为"拥有自我调整功能的市场"，推动社会向前发展。

波斯帝国将商品的循环"体系化"

从《汉谟拉比法典》制定之日算起过了大约1100年之后，波斯帝国成立。其背景大体如下，阿契美尼德部族在米底亚人统治的伊朗高原西南部崛起，之后在大流士一世（在位时间为公元前522—前486）的带领下，征服了从地中海东岸到印度河流域的广袤区域，建立起"陆上的世界帝国"。据推测，该帝国的统治区域涵盖埃及、美索不达米亚地区、叙利亚及中亚，人口多达5000万人。

帝国虽然是在各自的区域将统治触角延伸到地理边界的王朝，但是，波斯帝国与商人创立的"无形王国"互相结合，创建了体系化的"无形帝国"，在此基础上建立起商业帝国。商人开辟的道路和"人们之间的联系"成为"无形帝国"的骨架。波斯帝国将各核心城市的道路网连接起来，形成了四通八达的运输体系，将依靠小麦作为主要食物的美索不达米亚地区、埃及、印度纳入帝国的版图。

波斯帝国将波斯人和米底亚人的贵族作为太守派往各省，委派他们承担管理各个"无形王国"的责任。这些太守在各自所在的地方都市仿照王宫建立宫殿，按照王朝的管理模式管理地方。波斯王将军队的司令官派往各省辅佐太守，还秘密地将监察官派往各地，防止太守造反，以这些举措维持"无形帝国"的稳定。

波斯王通过修建道路网、一元化的政治架构、统一度量衡和文字、发行统一的货币等，成为"无形帝国"的统治者，在尊重各部族习惯的基础上，有条不紊地创建起具有包容性的经济空间。由于波斯帝国的出现，在广阔区域内构建了商品的循环顺畅运行的体系。

商业领域的不断扩大为帝国奠定了根基

大流士一世命人刻写的苏萨碑文（贝希斯顿铭文）里，明确记载了在波斯帝国的都城苏萨建造王宫时从全国各地采集各种物资的情形。现引文如下：

> 建筑用的木料大多是从犍陀罗运来的，也有一些是从卡尔马尼亚运来的；黄金是从斯巴达（萨狄斯）运来的，也有一些是从巴克特里亚运来的，在苏萨加工。琉璃和红玉髓虽然是在此处加工的，但都是从粟特地方运来的；土耳其石是从克兰斯米亚运来的，在苏萨加工；白银和黑檀木是从埃及运来的；将城墙刷成彩色的涂料是从爱奥尼亚运来的；象牙是从埃塞俄比亚、印度、阿拉霍西亚运来的，在苏萨加工。

从上文中可以得知，波斯帝国将美索不达米亚的中心区域与犍陀罗、印度、伊朗高原、阿富汗、丝绸之路核心地带的粟特地区、土耳其西部、爱奥尼亚地区、埃及、埃塞俄比亚等地连接起来了。

德国经济史学家于尔根·科卡（1941— ）在其著作《资本主义简史》中指出，正是那些大帝国，才能将商人各自开创的零碎的市场连接在一起。也就是说，只要将"无形王国"的网络结合起来，形成"无形帝国"，也就为大帝国的成立打下了基础。波斯帝国作为历史上首次出现的真正意义上的帝国，也是通过将商人建立的零碎市场组织起来，并将其纳入自己的统治体系才得以成立的。波斯帝国为了形成统一大市场，充分利用了活跃于沙漠的阿拉米商人、活跃在黎巴嫩近海的腓尼基商人等。阿拉米商人的语言和文字成为波斯帝国的官方语言和官方文字，就是最有说服力的证据。

"御道"和驿站给商人提供了极大便利

如果有人问起，哪里是波斯帝国的商业中心，肯定会得到这样的回答——以"御道"为核心的道路网和驿站。其中，最重要的商业中心就是连接波斯帝国的首都苏萨和地中海东岸的经济都市萨狄斯（吕底亚王国的首都）、全长约2400千米而且社会治安良好的"御道"。这条御道在当时单程需要90天才能走完，每隔20千米至30千米就设置一处驿站，沿途共设有111处，以便过往的商人和官员中途歇息。

为了逃离在都市发生的叛乱，"御道"迂回穿过都市，有多条道路与御道相连，形成了错综复杂的道路网。推翻波斯帝国的亚历山大大帝的远征，就是沿着帝国的道路网攻入苏萨的。

波斯帝国为了提高商品流通、人员流动和信息传递的速度，兴建了换乘快马的驿站系统。古希腊历史学家希罗多德在其著作《历史》中关于波斯帝国的驿站制度做了如下描述：

出生在这个世界上的人及其他动物，不可能比波斯"飞脚"更快地到达目的地。波斯人根据他们独特的创意，在各地配置与跑完全程所需的天数相匹配的快马和人员，每一天的行程安排好一匹快马和一名骑手。无论雨雪天气还是严寒酷暑，无论白天还是黑夜，"飞脚"们在各自分担的区间全速前进，绝不误事。

通常情况下骑快马需要三个月才能到达的距离，波斯帝国的"飞脚"仅用一个星期就能跑完。与城邦各自分治交通不便的希腊地区相比，在波斯帝国经商的效率不知要高出多少倍。创立了罗马帝国的奥古斯都（原名屋大维，在位时间为公元前27—公元14）全盘照搬波斯的驿站制度，实施公文驿递制度，每隔一定的距离设置一处驿站，以"飞脚"接力的方式传递公文。

后来，罗马帝国将每天连人带马同时更换的接力方式改为只换马不换人的方式，也就是由同一个人每到一处驿站换乘另一匹马跑完全程。各处驿站及相关设施的维护都归地方负责，给各地的财政造成了很大负担。到了4世纪，各地的人们厌弃驿递，成为导致罗马商业严重衰退的重要原因。

硬币被波斯帝国源源不断地铸造出来

人们大都很难弄清楚"通货"与"货币"的区别，但清楚两者的区别具有非常重要的意义。通货是国家保证价值并在国内流通、具有政治强制力的货币。为了调控整个市场，最先将交换的终端置于通货之上的国家就是波斯帝国。

波斯帝国以货币作为统治国家的武器，铸造出来并很快投入使用。硬币被当作帝国的"通货"，被强制作为流通手段使用。通货成为将广大区域的人们结合在一起的黏着剂。

根据古希腊历史学家希罗多德的记载，大流士一世每年从波斯帝国的各个领域征收银块和金块作为税款，共367吨运往首都萨狄斯，然后用这些金块和银块铸造了大量刻着自己手握武器半跪在地的肖像，并写上自己名字"大流士"的"帝国通货"，也就是大流克金币（约8.4克）和辛格罗银币（约5.6克）。波斯帝国的通货作为从地中海到印度的巨大经济空间的"血液"被人们广为利用，时至今日，大流克金币在中亚全域、非洲等地多有出土。

在非常重视国王权威的波斯帝国，金币的纯度高达98%，银币的纯度高达90%。1枚金币可以兑换20枚银币。

罗马帝国的商业

希腊商人与军事政权建立起巧妙的合作关系

希腊史和罗马史往往被分别讲述，但是，在此强调指出的是，希腊商人在罗马帝国的形成过程中发挥了重大作用，并且为帝国的维持做出了重要贡献。这是因为，地中海是通过海上商业活动而面向世界开放的，商人在其中处于领导地位，掌握着实权。希腊商人最大限度地利用了罗马的军事力量，是由于亚历山大帝国的崩溃造成了地中海地区极其混乱的局面。

6世纪斯基泰人掌握了娴熟的骑马技术，马其顿王国的国王亚历山大三世（在位时间是公元前336—前323）将这一技术与在希腊开发出来的重装步兵的密集战法结合起来，从20岁开始发起了东方远征，到他32岁时结束，凭借这一新奇的军事技术打败了以轻型战车为主的波斯帝国。

亚历山大三世灭掉波斯帝国之后，马上就想与波斯国王的女儿结婚来继承波斯帝国，但是，在基础尚未稳固之时，就在巴比伦溘然长逝（研究者认为很有可能是中毒），时年33岁。国家陷入长期混乱之中，但是希腊商人选择了位于意大利半岛边缘的军事都市罗马作为自己的后盾。希腊商人与军事政权建立的合作关系始于后文叙述的布匿战争。

埃及是地中海的粮仓地带，受波斯帝国保护的腓尼基商人通过大量出口黎巴嫩杉木与埃及保持着良好的关系。

腓尼基商人通过两种举措掌握了整个地中海区域的经济霸权，一是开辟了横贯地中海中部各个岛屿的航线；二是在北非（突尼斯）建立了殖民城市迦太基，垄断了西地中海的经济。这就导致后起的希腊商人不得不长期处于从属地位。

亚历山大三世的东方远征给希腊商人的崛起带来了转机。亚历山大三世在远征途中摧毁了腓尼基人在黎巴嫩建立的中心港口城市提尔，在粮仓地带的埃及三角洲建起了希腊商人的据点城市亚历山大，东地中海变成了"希腊人之海"。东方远征使东地中海变成了希腊商人的"无形王国"。据说亚历山大的人口一度达到100万人，"那里除了雪，什么都有"，这句当时流传的话充分反映了其商业的繁荣景象。亚历山大的商人活跃的领域从红海亚丁湾到印度洋，与印度东海岸的商业连接起来。

迎来繁荣时期的希腊人不断拓展商业网络，他们中的一批人迁移到西西里岛和意大利半岛南部，创建了号称"大希腊"的殖民地城市群。这样一来，就与控制着西西里岛和西地中海的迦太基发生了冲突，引发了三次布匿战争（公元前264—前241、公元前219—前201、公元前149—前146）。希腊商人与在意大利半岛中部崛起的新兴势力罗马联手击败了迦太基，夺取了西地中海的控制权。

从结局来看，希腊商人与拉丁人（罗马人）结成的同盟势力，推翻了托勒密王朝（公元前305—前30）女王克利奥帕特拉七世（又称埃及艳后，在位时间为公元前69—前30）的统治，将埃及吞并。公元前27年，罗马帝国实现了"地中海周边的无形王国"的统一。罗马帝国凭借大量的粮食作物输送控制了被称为"干燥之海"的地中海的经济命脉。

商人承包了征税事务和神殿建设

罗马帝国的基础是地中海的商业，也就是说，罗马帝国的繁荣是建立在地中海雄厚的商业基础之上的。在罗马，虽然商人长期遭受贵族阶层的蔑视，但是，受干燥气候的影响，人们经常面对粮食不足的困扰，因而商业就变得极其重要。而站在帝国的角度来考虑，为了筹集庞大的军事经费，就必须以货币的形式征税，而作为税收征缴上来的小麦，必须到市场上卖掉变成货币。罗马帝国允许人们开展自由买卖活动，这样一来，以地中海为共同"市场"的商人以及钱币兑换商品的金融活动甚至投机活动开始盛行。

当时的罗马物欲横流，很多人沉醉在财富的积累和财富的炫耀之中，一门心思地投入各种享乐型消费活动中，每天只考虑怎样吃好喝好玩好，而不考虑开展商业活动、筹集资金等事情。而这对于希腊商人来说，正好是他们梦寐以求的赚钱的好机会。

罗马从地中海周边聚集到巨大的财富，但是，各个附属地（殖民地）从征税到神殿的建造，都由商人大包大揽。

古罗马的历史学家波利比乌斯（公元前204—前125，一说为公元前203—前121）在其著作《通史》中，对承包制度在当时被广为推行的情况做了阐述，他指出，"在整个意大利，可以说有多得数不清的商人（市民）与官员（监察官）签订了承包契约。从政府办公楼的建筑与维修到用于航运的港口；从贵族的庭园管理到矿山的勘探采掘，甚至从土地所有者那里征税，等等。总之，罗马政府管理的所有业务都通过承包契约委托商人（市民）打理，从这些契约、由契约产生的利益，再由这些利益产生的利益中，任何权益都得不到的人，可以说没有"。

在各个附属地，许多商人（征税业务承包人）将相当于五年征税额的钱用于投机，然后横征暴敛获取暴利，再用这些暴利用于投机获利。当时，在罗马，人们把通过投机等手段获取暴利并大肆挥霍的人称为"希腊人"。

在罗马帝国，以犹太人、希腊人所居住的社区为中心，基督教迅速传播。罗马帝国衰退时期，希腊商人建立的网络在其中起到了重大作用。

在第二次布匿战争中，腓尼基人的土地被贵族"借走"，被俘虏的众多奴隶之中，有的甚至从事了医生等需要具备一定专业知识的职业。可见，迦太基的整个商业体系已经彻底瓦解。

埃及盛产的粮食作物从亚历山大港口历经65天至70天的航程被运到罗马的奥斯提亚港口，再由奴隶拉纤运到河港重新装运，历时3天左右运到罗马，这样运输一次只能满足拥有百万人口的罗马四分之一的人吃上饱饭。

在亚历山大的帕罗斯岛上，一座高度约为134米的大理石材料的大灯塔（在14世纪因两次地震而倒塌）是海上贸易的航标灯，曾被列为"世界七大奇迹"之一。平均每年吞吐80万吨物资的奥斯提亚港口也模仿亚历山大，在沉没的大型货船上用石柱垒成约60米高的灯塔。这两座先后矗立在埃及和意大利半岛上的大灯塔，曾经是地中海的大规模运输和粮食作物循环的标志。

古罗马人认为家里的钱应该交由女主人管理

古罗马为了维持"无形帝国"的运作，把维持"通货"的价值看得比什么都重要。罗马帝国最初模仿希腊的硬币铸造了青铜币"阿斯"，到公元前3世纪前后，随着罗马帝国经济规模的不断扩大，发行了相当于"阿斯"的10倍价值的德拉克马银币。据说，1枚德拉克马银币相当于在葡萄种植园工作的人一天的工资。硬币的价值依靠皇帝的权威作为后盾。所以，如果皇帝失去了信任，硬币也将被回收并重新铸造。

古罗马历史学家苏维托尼乌斯（69—122，一说为70—130）在其著作《罗马十二帝王传》中，收录了自恺撒大帝以后12位皇帝的传记，根据该书记载，皇帝卡利古拉（在位时间为37—41）因其残酷统治而远近皆知，在他死后，为了抹掉人们对这位暴君的记忆，他在位时铸造的硬币被回炉重造。

可见，在罗马帝国，掌握通货的管理权成为管理经济活动的重中之重。在英语中，"货币"为money，"铸币局"为mint，但这两个词语的来源出自罗马帝国垄断货币的铸造。money的来源是这样的，罗马人信仰的主神朱庇特（在希腊神话中指宙斯）的妻子名叫朱诺（在希腊神话中是指宙斯的妻子赫拉）的别名为Moneta。也就是说，在卡比托利欧山建造的罗马的"掌握家庭经济大权"的朱诺神殿，就表达了由朱诺独揽硬币铸造大权之意。

在希腊神话里，主神宙斯常常移情别恋，妻子赫拉不得不一心扑在宙斯身上，希望以此收住宙斯的心。罗马人认为，安排"家庭生计"所必需的钱交由女主人来管理比较合理。

身价大跌的罗马银币

罗马帝国是依靠军事侵略"肥胖"起来的帝国。当侵略结束之后，失业的士兵纷纷流入大都市导致治安恶化、政局不稳。罗马又没有什么产业可以吸纳这些人就业，统治者便利用从附属地获取的财富无偿为这些人提供食品和娱乐，这样才总算不出什么乱子。但是，随着大量人口不断向罗马的附属地迁移，过高的税率已经使那里的人们不堪重负。历代皇帝除了减少银币的含银量，再也找不到对付经济困境的其他办法。

就像朱庇特那样奢侈无度的皇帝，在降低银币成色的诱惑面前毫无抵抗能力。俭朴度日的朱诺试图维持银币的价值，但是根本无能为力。这是因为，硬币的改铸是一种不会遭到民众抵抗的变相增税办法。但是，劣币的发行将给罗马的经济造成沉重打击。

到了皇帝奥勒里安努斯（在位时间为270—275）时代，迪纳厄斯银币的含银量下降到仅有5%，基本上等同于铜币的价值。通货成色下降到如此程度，用现在的话来讲，就是发生了严重的通货膨胀。

1923年，德国鲁尔工业区被法国和比利时占领，德国陷入恶性通货膨胀。同年，英国经济学家凯恩斯（1883—1946）撰写的《货币改革论》出版。凯恩斯认为，罗马帝国依靠降低通货价值来课税已产生了不良后果。法定通货是政府在万不得已时才推行的，只要这一手段仍未被使用，无论哪个政权，都不必宣布破产和失信。

第 3 章

古代中国的崛起

被"宗族"争来抢去的广大农业空间

"贝"在经济文字里被广泛使用的理由

东亚在公元前2700年前后就形成了栽培谷子、黍子等杂粮的农业社会。黄河中游地区年降水量不大，但即使不用灌溉，这一地区的杂粮也能获得一定的收成。农业的经营规模通常都不大，人口规模较小的"邑"成为社会治理的主体，氏族成为基本的社会组织形式。冈本隆司（1965—　）编著的《中国经济史》一书指出，在中国，"从远古直到春秋时代，农业生产的方法一直都是这样的，在耕种了数年之后，杂草繁茂的耕地就被放弃休养生息，到别的土地种植，再过数年，又回到此前被放弃的土地耕种，也就是所谓的休耕。并且，从农业生产作业来看，形成了超越家庭范围的协作关系，并不是各个家庭排他性地占有耕地，而是由血缘关系、地缘关系结成的集体共同占有土地"。

也就是说，粮食作物的耕种是以自营（并非用来销售）为原则，在自然条件良好的地方分散生产。与灌溉成为农业生产前提的西亚不同，黄河中游地区出现了大规模农业地带。

但是，粮食不足问题仍成为纷争不断发生的主要原因。宗族之间会爆发冲突。

最初，统一、控制了黄河中游地区的商（约公元前1600—前11世纪）的国王推行神权政治。在当时的神话中，共有十个太阳，由这些太阳每天轮替照耀天地，每十天轮一遍。后来将十天称为一旬，作为计算生活时间的单位。商王自称是太阳神的子孙，通过灼烧兽骨和龟甲来判断下一旬的吉凶（占卜），并利用占卜的结果引导社会生产。为了便于别人看到这些占卜的结果，便将这些通过占卜得到的信息刻在龟甲兽骨上，形成了甲骨文。

在商代就已经出现了广域的市场（商业网络），贝壳（龟甲宝螺，又称绶贝）以及土耳其石（绿松石）都曾被当作货币使用。甲骨文中，与"经济"相关的大量文字都带有"贝"，这就是贝壳曾被作为货币使用的强有力的证明。

当时，农民与牧民的关系也比较和谐，一些带有褒义的字中，都暗含着牧民的"羊"。

即使是在黄河中游地区，也经常出现物品短缺的状况，在《史记·货殖列传》中就有如下记述，"商不出则三宝绝"（如果不让商人开展贸易，粮食、器物、财富就会断绝）；"千金之家比一都之君，巨万者乃与王者同乐"（有千金的人，其财富可以比得上拥有一座都城的君主；有巨万家财的人，便能同国君一样享乐）。由此可以看出，当时商人的实力已经非常雄厚。

黄河中游地区与牧民居住的蒙古高原之间没有高山、大河等的阻碍，牧民反复发动大规模的南侵。在宗族之间也出现了旷日持久的战争，以成为"霸主"的部族为核心建立起中央集权的王朝。在此基础上，帝国便得以形成。古代中国幅员辽阔，粮食产区比较分散，故为争夺土地和粮食常年发生战争。

在黄土地上争来抢去的宗族及战争经济

公元前11世纪，来自西部的周依靠武力推翻了商。此后，强有力的宗族凭借军事力量将各个邑统一在一起，中国社会的基本形态由此确立。周通过分封制度（由自己的近系旁系宗族统治各邑）统治着广阔区域。但是，随着铁制农具的普及、用牛耕种的推广等，黄河中游领域的周边地区不断得到开发，新的宗族崛起，周的统治土崩瓦解。

公元前8世纪，周处于风雨飘摇的状态，各宗族之间争夺霸权的战争愈演愈烈。历史便进入长达550年的春秋战国时代（公元前770—前221），在这期间，各势力强大的宗族之间战争不断。

到了春秋时代的末期，各诸侯纷纷为促进农业发展而兴修水利，推行大规模灌溉。为了养活数量庞大的军队，不得不通过征调徭役（强制农民劳动）兴修水利工程，来提高粮食产量。

各地实力雄厚的诸侯不断扩大自己的统治区域，从依靠战车作战转为以数量庞大的步兵为主的攻城战。战争需要庞大的军费开支，有两类人变得活跃起来，一是对各地民众实行统治的官员，二是参与筹集战争经费的商人。西汉历史学家司马迁（公元前145—前87）编写的《史记》就分设了"酷吏列传"和"货殖列传"。前者收集了利用各种严酷手段管束民众的官吏的传记；后者收集了著名商人的传记。

到了战国时代（公元前475—前221），秦、楚、赵三国的人口均接近500万人，齐、燕、韩、魏四国的人口规模均处于200万至300万人之间，这7个国家各自拥有数十万甚至百万的步兵，互相之间展开激烈的厮杀。在粮食产地分布很广的中国，人口集中的地方就成为各地的核心，在当时的中国同时存在着众多以宗族为主体建立的王朝。

王朝是各宗族依靠军事力量建立起来并统治广大区域的政治架构。在中国，由于粮食作物的产地非常分散，商人的"无形王国"尚未成熟，宗族凭借军事力量以天下为舞台争来抢去。在这一时期，出现了"天命"观念。

"天命"观念表明，统治宇宙、大地、万物的天帝（天神），将统治天下的神圣使命（天命）委托给最具德行的人（天子）。天命是指让某个特定的宗族的首领担任天子是天帝的意志。天子被天帝允许与他的宗族一起统治大众。这样一来，实现天下大一统的帝国便成立了。历代的帝王都把朝贡看作非常重要的事务。

难以忍耐严酷统治的民众发动起义推翻王朝，被解释为天帝的意志发生了改变，借助农民起义实现了权力转移，表示"天子的姓（宗族）改了"的意思。由孟子形成体系的政治思想，再由南宋的朱熹（朱子）固定下来。

古代中国的"富国强兵"和"经世济民"

古代中国与西亚地区根本的差别，就在于中国不像西亚那样依赖大面积的"灌溉"，而是以宗族为核心。依靠增强军事力量扩大地盘对于宗族来说是最简单易行的办法。

在古代中国，粮食作物的产地并不集中在某个特定的区域，所以，古代中国商人的社会地位与西亚大不相同。王朝没有必要把心思花在构建"粮食作物的循环"上面。因此，由军队和官员引发的王朝的兴亡不断上演。

周衰退之后，长达550年的春秋战国时代（公元前770—前221）是战争频发的时代，春秋时代基本上每两年爆发一次战争，战国时代则每年爆发一次战争。

春秋时代掌管财政的官员之一是齐国的宰相管仲（约公元前723—前645）。管仲从出生到青年时期生活很贫困，后来，好友鲍叔牙发现了他的才华。在鲍叔牙的极力举荐之下，管仲当上齐国的宰相。二人的友情就是闻名后世的"管鲍之交"（并非建立在利益之上，而是建立在彼此信任基础上的深厚的友情）。

距今约2600年前，管仲就阐述了通货紧缩（俭）与通货膨胀（侈）给社会造成的重大影响，《管子》中明确指出了货币与经济的关系："俭则伤事，侈则伤货。俭则金贱，金贱则事不成，故伤事；

侈则金贵，金贵则货贱，故伤货。"也就是说，通货紧缩状态下生产会停滞；通货膨胀状态下财产的价值会遭到损毁。通货紧缩状态下货币升值，导致生产无法走上正轨；通货膨胀状态下货币贬值，商品变得便宜，导致流通受阻。

具有经济眼光的管仲通过调节"刀币"发行量巧妙地调控经济运行，促进了齐国的强大。

到了战国时代，战争的规模明显扩大，常常爆发大规模的战争，每次参战的军队人数多达数万乃至数十万人。战争也由贵族之间的交战转变为以平民为中心的交战。为了筹集更多的军费，铁制农具、牛耕得到普遍推广，耕地得到大规模开垦。

日语中的"经济"一词，就是源自汉语的"经世济民"。在明治维新时期，福泽谕吉（日本的启蒙思想家、教育家，1835—1901）也有可能是西周（日本的哲学家、启蒙思想家，1829—1897）在翻译英文书籍时将economy翻译成了"经济"。

秦代商人吕不韦

公元前221年，秦一统天下。秦王嬴政成为始皇帝（在位时间为公元前221—前210），奠定了古代中国的基础。但是，围绕霸权展开的战争要耗费巨额军费，需要借助大商人的力量筹集。在战争已经常态化时期，一些帮助王朝筹措军需物资的商人大发横财。

出身商人世家的吕不韦（？—前235）拥有非同常人的眼光，当他得知有一位秦国公子因沦为赵国的人质而终日郁郁寡欢的时候，他敏锐地意识到，"奇货可居"（不能错过良机，必须好好利用），并决意对这位公子重金扶持。后来，这位公子成为秦庄襄王，庄襄王的儿子嬴政统一了全国成为始皇帝，吕不韦也身居宰相的高位，权倾朝野。但是好景不长，秦始皇鉴于吕不韦与诸侯宾客来往频繁，恐生变乱，将吕不韦流放到蜀地，最后，吕不韦饮鸩而死。吕不韦的故事虽然只是个例，但是，在大规模战争频发时期，商人与官员合谋操纵王朝在当时确属常事。

秦汉时代到隋唐时代的商业

古代中国的商业被政治牵制

公元前3世纪，秦（公元前221—前206）实现了古代中国的一统，而地中海地区正处于第二次布匿战争时期。

秦始皇统一了货币、度量衡和文字，为商业的大发展提供了比较完善的基础设施，形成了统一的大市场。

在春秋战国时代，各个地方的大商人都铸造了青铜硬币，但秦始皇将货币置于他的统治之下，将各地的货币统一为秦朝的半两钱，将货币和文字变成王朝统治天下的工具。

在秦朝，全部国土都被视为皇帝自己家族的财产，朝廷向各地派遣官员，在全国推行郡县制，皇帝和外戚（皇帝的母亲和妻子方面的亲戚）作为官员统治着整个帝国的经济。自秦以后的两千年间，在中国都是由皇帝掌握货币的发行权。

在秦汉时期的中国，货币是作为天子的皇帝赐予臣民的，具有受皇帝管辖的货币这一明显特征。人们利用铜铸造出来的硬币，造价较低，得以被人们长期使用。在中国，利用高温熔解金属的技术自古以来就非常发达，铸造货币并不是什么难事。

280亿枚铜钱支撑起与匈奴之间的大规模战争

强大的游牧民族生活的蒙古高原与古代中国的农业地带之间基本上没有高山大河等作为阻隔，长城在当时是古代中国安全保障方面不可或缺的一道屏障。但是，极难被突破的长城反而极大地扩展了农民与游牧民的交往范围。这样一来，游牧民的力量得以壮大。

在这个历史时期，动员整个王朝之力抵御蒙古高原上的游牧民族入侵的，就是西汉的武帝。

公元前2世纪，西汉（公元前206—公元25）的武帝（在位时间为公元前140—前87）铸造的五铢钱成为古代中国实质上最早的"通货"。汉朝与匈奴之间展开的长期全面战争，无疑需要巨额的军费支出。

为此，铜钱的铸造数量庞大，在120年间大约铸造了280亿枚。汉朝规定纳税必须使用五铢钱，所以，此前与五铢钱同时流通的各种货币纷纷被驱逐出去。帝国的货币体系是由大规模战争建立起来的。

汉朝长期铸造发行五铢钱以应对庞大的军费开支。五铢钱直到唐代初期被废止，成为中国历史上使用时间最长的钱币。

武帝即位之时，汉朝国库充盈，财政实力非常雄厚。但是，战争的发生，导致汉朝财政拮据。当时挺身而出担当重建财政重任的是桑弘羊（？—前80）。他采取了剥夺商人利益填补王朝财政的各项政策。他先是推行了将盐和铁制农具由朝廷专卖的政策，接着加强了对农民的剥夺。

然后，他在各地设置"均输官"，开展物品的采购以及向朝廷运输（均输法），为了确保均输官能够在物品的采购中获利，他采取了从商人那里加征财产税的办法（平准法），通过这些手段筹措军费。汉朝构建起完备的制度体系管理商业，剥夺商人利益，让商业长期服从战争的需要。

古代中国难以抵挡游牧民族的入侵

汉灭亡之后，地方的豪族互相联合，分别结成魏、蜀、吴三国，后又被晋（265—420）统一。晋仿照以前的统治，将整个家族的成员派往各地出任地方长官，但是，到了第二代皇帝惠帝（259—306，在位时间为290—306）的时候，朝廷被外戚掌控，导致八个王族围绕权力发生长期斗争，国家陷入"八王之乱"（290—306）这一长期内乱之中。这八个王族为了扩充势力，都采取了向周边的五个实力强大的游牧民族（"五胡"）招收雇佣兵的做法，促使一部分游牧民转移到黄河中游地区。"五胡"纷纷发动暴乱，在黄河中游地区建起多个封建割据政权，历史进入"五胡十六国"时代（304—439）。借战乱之机，游牧民族纷纷在黄河中游地区定居下来，从西域传入的大乘佛教也在这一地区传播开来。

在这段时期，许多人迁移到黄河以南湖泊密布的长江流域，开创出农业社会的新"核心"（南朝）。

后来，黄河中游地区出现了由鲜卑人建立的北魏王朝（北朝），与江南的王朝（南朝）相对峙，历史进入南北朝时期（420—589），最终北朝灭掉南朝，统一了全国，建立起隋朝（581—618）。在北朝征服南朝的过程中，鲜卑人与汉人的豪族通婚并定居下来，鲜卑人逐渐从汉人豪族手中夺走耕地并将其变成皇帝的土地（均田制），作为耕地出租给别人耕种获取回报，以实物或劳役的方式征税（租庸调）。此外，官府招募一部分农民成为"府兵"，免除他们的赋税，平时情况下他们仍为耕种土地的农民，并在农闲时期训练，在战事发生时从军参战（府兵制）。至此，农业帝国被以汉化的鲜卑游牧民为统治者的政权重组。

由汉化的鲜卑人建立的隋朝，修建了将江南和黄河南北连通的"大运河"，用水路将黄河中游地区、蒙古高原、东北、长江流域连接起来，构建了将南方生产的粮食作物运往北方的"漕运"这一"粮食作物循环"系统。后来，隋朝在大规模的农民起义的打击下走向灭亡。

为了统治广阔的地区，隋朝统治者推行科举制，将部族以外的优秀汉人吸纳到官员体系中来。

科举制为中国封建王朝提供了人才支撑

隋唐时期，王朝日益朝着混合化、大规模化发展，人才不足成为摆在统治者面前的重大问题。因此，王朝的统治者通过科举考试选拔人才并补充到官员队伍中。统治者依靠科举制度强化了王朝统治。唐代自安史之乱（755—763）以后，突厥族崛起，鲜卑人及汉人豪族日益没落。在宋代，科举考试选拔出来的人才成为官员的主力军。

从此以后，辅佐皇帝部族的"士"（拥有知识的特权阶层）统治众多的"庶"（庶民）的制度体系固定下来。被选拔出来的"优秀"官员被赋予了特权，这些官员都千方百计为各自的出身宗族谋取利益。

一些制度体系（科举制和士庶之别）随着时间和空间的改变，其形式也发生着改变。

商业在长江流域获得迅猛发展

621年，铜钱"开元通宝"被铸造出来，这种铜钱无论是在唐朝还是在日本都曾经广为流通。此后，在圆形硬币的中心部分打开四方形的孔洞的简洁设计，成为中国历代方孔圆钱的标准。硬币的圆形表示"天"，中间的四方形孔洞表示"地"，整体表示"天圆地方"的意思。

唐朝在安史之乱后走向分裂、衰退。北方出现了藩镇割据的局面，宫廷贵族走向没落。

这样一来，唐朝就不得不依靠江南的农业（稻米）维持生存。本属唐朝"边境"的江南成为经济中心，商业获得迅猛发展。其结果是，均田制走向瓦解，租税制度也从征收实物转为根据拥有财产的多少以货币形式征收（两税法）。

由于出现了这种政治中心与经济中心相互分离的局面，被称为"飞钱"的汇票就诞生了。

所谓飞钱，顾名思义就是"如飞一般被快速送达的铜钱"，是作为铜钱的兑换证明的票据。由于政治混乱的局势日益加剧，铜钱本身的输送变得越发困难，这样一来，"飞钱"因为使用起来很方便又能够安全输送，在当时被人们称为"便钱"（使用方便的钱）。

到了宋代（960—1279），中国经济的中心转到江南盛产稻米的地带，由商人推动的经济进入大发展时期。但是，北方的军事力量非常强大，在元朝、清朝统治之下，长江流域的经济被纳入游牧民族依靠军事力量建立起来的统治体系之中。

第 4 章

阿拉伯商人凭借游牧势力兴起

在欧亚大陆的东西部出现的帝国秩序的剧变

东部：从具有军事特色的大唐帝国走向商人活跃的大宋帝国

世界史迎来周期性的大转折时期。那就是伴随着地球环境寒冷化和帝国体系瓦解而出现的变化。在中国，到3世纪初，存续了400年的大汉帝国灭亡。伴随着地方豪族的崛起而走向分裂（三国时代）和游牧民（"五胡"）的入侵，中国进入不稳定局面长期持续的魏晋南北朝（220—589）这个第一次大转折时期。在游牧势力之中，实力最强的鲜卑人与汉人豪族联起手来，从6世纪末到10世纪初，在皇帝占有全部土地（均田制）的基础上建立起隋（581—618）、唐（618—907）这两个强大帝国。大唐帝国通过推行均田制和租庸调制，财政规模得到显著扩充，通过推行府兵制建立起精干的农民军，打败了试图再次入侵中国农业地带的游牧势力。

但是，凭借强权压制汉人豪族和民众的均田制难以长期维持下去，大唐帝国为了对抗游牧民的入侵不得不雇佣大量佣兵。安禄山、史思明发起大规模的叛乱，经此"安史之乱"，大唐帝国进入内部分裂和混乱的局面。

阿拉伯游牧民建立的倭马亚王朝（661—750）灭亡，商业帝国阿拔斯王朝（750—1258）随后成立。可见，唐朝走向衰退与阿拔斯王朝成立基本处于同一时期。

安史之乱以后，直到大宋帝国（960—1279）成立的200年间，是欧亚大陆东部的长期转折时期。在混乱局面长期持续的过程中，同时出现两大变化，一是均田制瓦解，贵族阶层走向没落，庶民中的地主、大商人势力逐渐强大；二是全国的经济中心转移至江南的稻米地带。

经济中心的南移，对北方游牧民的防御体系明显弱化，历史不可避免地进入金（1115—1234）、元（1271—1368）、清（1644—1911）这样的由游牧民统治农业社会的时代。欧亚大陆东部出现的经济社会转折，要先于欧亚大陆西部的阿拉伯帝国的形成和商业的繁荣。

西部：阿拉伯游牧民的胜利

7世纪初，麦加既是宗教城市也是商业城市，该地有巨大黑陨石克尔白天房。当时的麦地那是座新兴城市，有众多的商人在那里经商。

7世纪中叶，阿拉伯半岛的商人和游牧民对西亚、地中海一带造成巨大冲击。处于西亚内陆的波斯帝国（萨珊王朝，224—651）和地中海的东罗马帝国（拜占庭帝国，395—1453）矛盾激化，并由于黑死病（鼠疫）大流行，两个帝国走向衰落。

倭马亚王朝发行欧亚大陆货币

阿拉伯统治者发起了对拜占庭帝国控制下的商业城市——叙利亚的大马士革的征服行动，这就是"大征服运动"的开始。当时，拜占庭帝国由于黑死病的反复流行陷入衰退。

拜占庭帝国控制下的大马士革被攻陷，阿拉伯游牧民一下子获得了无数的战利品。游牧民的士气愈发高涨。

接连发起的远征行动，从拜占庭帝国手中夺取叙利亚、埃及等各个战略要地，651年灭掉萨珊王朝。他们将游牧民夺取战利品的欲望和征服所带来的商机结合起来，创建了一个新的"无形商业帝国"。

7世纪中叶前后，游牧民中实力强大的倭马亚家族将各游牧部族联合在一起，以大马士革为首都，建立了倭马亚王朝（661—750）。这是一个通过征服农耕地带催缴税收、利用军事力量获取商业利益的政权。

倭马亚王朝为了统治横跨欧亚大陆的"无形帝国"，必须要铸造与之相应的货币。倭马亚王朝设立了中央造币局，铸造阿拉伯金币第纳尔和银币第尔汗，以取代沿用的拜占庭货币、波斯货币和圣地的自制货币。

异军突起的印度洋商业

阿拔斯王朝发展成为商业帝国

750年，阿拔斯将人员和军事力量等联合在一起，一举推翻了倭马亚王朝的军事政权，建立了阿拔斯王朝（750—1258）。阿拔斯王朝将"无形帝国"扩大至欧亚大陆，建立了横跨西亚、印度洋、地中海的商业帝国。

在751年的怛罗斯河畔战役中，成立不久的阿拔斯王朝打败唐朝军队，确立了商业统治权。在唐朝的都城长安居住着1万多名萨珊王朝的难民，由此也加强了阿拉伯地区与大唐帝国的经济联系。

经过此次战役，唐朝的一些抄纸匠人成了俘虏，"造纸的方法"传遍了阿拉伯世界，也给西亚、地中海、欧洲带来了制造信用货币（票据、后来的纸币）的材料。商人把纸从北非传到了伊比利亚半岛以及欧洲，作为制作票据、支票等信用货币的材料被推广到大半个世界。

阿拔斯王朝在成立初期必须依靠波斯人强大的军事力量，所以，将政治中心从叙利亚迁到伊拉克，为王朝经由波斯湾进入印度洋创造了条件。阿拔斯王朝的第二任哈里发曼苏尔（707—775，在位时间为754—775）在幼发拉底河和底格里斯河最接近的地方建造了要塞城市巴格达，但这里也是运河纵横流过的经济要地。巴格达将河流、海洋和陆地的商业网络连接起来，在很短的时间内就变成了人口多达150万人的"无形帝国"的经济中心。

巴格达通过4条干线道路将波斯帝国以来的经济区域连接起来，在此基础上，又将"海上之路""丝绸之路""草原之路"连接起来。被称为"向导"的犹太商人发挥了将埃及的亚历山大、北非、伊比利亚半岛的科尔多瓦等与东方的巴格达市场（商业网络）连接起来的作用。

冒险商人"辛巴达"的传奇

阿拔斯王朝促进了印度洋商业的大发展，单桅三角帆船大大加快了物资的流通进度，借助单桅三角帆船，可以巧妙地利用夏季风和冬季风开展长距离贸易。这样一来，从非洲东海岸到印度、东南亚、中国的"海上商业世界"在短期间内就被开发出来。

印度洋的商业是依靠在《一千零一夜》（又名《天方夜谭》）中的"航海家辛巴达的故事"中所讲的冒险商人开发出来的。商人熟知各地的地理、习俗、信息、特产，为了获得人们的信任，他们在日常的商业活动中潜心琢磨，积累经验。

在季风区域，以拥有150万人口的城市巴格达为首的各城市旺盛的消费需求连在一起，形成了将东非、西亚、印度、东南亚、中国相互连通的大市场。在特产的集散地、海峡、河口、河流的分叉处、陆路的交叉点等建起了基地港，形成了相当完善的商业体系。

商人利用单桅三角帆船从中国、东南亚、印度等地运来各种商品，再利用骆驼商队转运至干燥地带。

阿拔斯王朝的鼎盛时期是第五代国王哈里发哈伦·拉西德

（764—809，在位时间为786—809）统治的时代。巴格达的繁荣在
《一千零一夜》中以各种形式进行了描写。

《一千零一夜》中记载了当时"无形帝国"的辽阔场景：哈
伦·拉西德的御名和事迹，从中亚的群山峻岭到北欧的森林深处，
从马格里布（北非）以及安达卢西亚（伊比利亚半岛）到中国，无
人不知，无人不晓。

这一涵盖陆地与海洋的大市场以及共同的阿拉伯语、律法、商
业惯例、货币、依靠信用筹措资金的网络等，将全年降水量仅为
110毫米左右（世界平均为880毫米）的沙漠之城巴格达，变成了中
世纪（介于古代与近代之间的封建社会时代）世界最大的商业都市
之一。随着商业的不断发展，为了实现相隔遥远的地区之间的贸
易，共同出资的方式、依靠信用筹集资金、依靠支票给外地汇款等
商业手段都得到了广泛利用。

单桅三角帆船推动了海洋贸易的发展

商人最大限度地利用季风带来的航海便利，开辟了单桅帆船航
线，历史进入"亚洲的大航海时代"。海洋具有连接范围广、商品
输送量大的优势，所以，海运促使商业规模不断扩大，范围越来越
广。众多的人口消费大量的物资以及奢侈品，西亚、印度、中国等
各地的城市通过海洋连接起来，输送规模较小的陆地商业退居次要
地位。就连粟特商人也加入印度洋的商业活动中来。在各海域的海
港，为了聚集到更多的商人，服务业也展开了激烈的竞争。为了吸
引更多的商人进入港口，各个港口的所有者纷纷给商人们提供各种
优惠，甚至承认从各海域集结而来的实力雄厚的商人在港口的自
治权。

印度洋沿岸各区域的商业开发已经取得很大进展，商人将各地

运来的特产低价买入、高价卖出成为贸易的基本形态，后来的大西洋区域普遍出现的由商人有组织地开辟种植园的情况，印度洋区域几乎不存在。单桅帆船的出现，使得各海域的商业分工体系确立起来。犹太商人在主要港口建立聚居区，加强与各国商人的日常交流和联系，开展商业活动的方式也被人们广为接受。

在东非的海岸也有许多阿拉伯商人定居，阿拉伯语系和班图语系混合形成的斯瓦希里语通行。在非洲，不但象牙、黄金和乳香等成为人们经常交易的商品，奴隶贸易也日益繁盛起来。这些奴隶被送到伊拉克南部，从事劳役。

这些商人的印度航线，从孟加拉湾经由马六甲海峡，延伸到中国的广州、泉州、扬州。从唐朝的丝织品、瓷器的买卖中获得的巨大利润，让这条中国航线固定下来，与控制着马六甲海峡的马来人建立的海峡国家三佛齐王国的联系也得到明显加强。

根据阿拉伯人的记载，在广州，长期居住着大约12万商人，当地还为他们开设了具有自治性质的聚居区，也建立了清真寺。由于遭受"安史之乱"造成的混乱局面，唐朝的财政捉襟见肘，朝廷向广州派遣名为"市舶使"的官员，任务是管理和扶持对外贸易的发展。

851年编纂出版的《中印游记》主要讲述阿拉伯商人的经商事迹，有关于唐代的广州有许多阿拉伯人居住、设有自治聚居区一事。

唐朝对于外国商人运来的商品征收30%的商业税，优先从他们手中采购宫廷必需的商品。但是，在唐朝末年，在广州先后发生不法盐商（在当时，盐是国家专卖商品）的大肆抢劫以及黄巢起义等，外国商人意识到这是风险后退出广州，他们以马六甲海峡附近的小岛为据点，继续开展商业活动。

在广大海域开展分工合作的阿拉伯商人和中国商人

在阿拔斯王朝时期，形成了阿拉伯商人在印度洋一带活动、中国商人在南海一带活动、印度商人和马来商人在中间地带活动的区域性分工合作关系。阿拉伯商人退居马六甲海峡附近的小岛之后，广东、福建等地的商人仿照阿拉伯商人的单桅三角帆船建造了中国帆船，继续开展海上贸易，到了宋代以后，中国商人与阿拉伯商人在亚洲海域分工合作的基础上开展海上商业活动。

在阿拔斯王朝统治时期，印度洋的单桅三角帆船驶向物产丰富的印度、中国，商人从印度运回稻米、小麦、甘蔗、棉花、茄子、柑橘、柠檬、酸橙、香蕉、芒果、椰子等产品，亚热带农业生产方法也被传播到阿拉伯地区。在印度洋一带，每天都在发生着可以与"哥伦布交换"相媲美的"辛巴达交换"。

其中的甘蔗、稻米、柠檬等，开始在地中海周边国家大片种植，"柠檬"热扩展到地中海地区。那不勒斯的果酒——柠檬甜酒就是从那个时代传下来的。土耳其的皮拉夫（杂烩饭）、西班牙的海鲜饭、摩洛哥的古斯古斯饭（蒸粗麦粉）等，都说明了稻米栽培已走向世界。

单桅三角帆船的中国航线被固定下来，依靠这种往返一次需要两年的长距离海运，波斯湾与广州之间的航线实现常态化。"帆船"将西亚、印度、东南亚、东亚直接联系在一起，促进了商业的大发展。

维京商人和犹太商人的毛皮贸易纵贯整个欧亚大陆

9世纪，森林地带野生动物的毛皮成为阿拉伯地区的时髦货和奢侈品。毛皮的产地"北部"森林地带和"南部"草原、沙漠之间的毛皮生意红火起来。阿拉伯商人长期生活在沙漠地带，当他们看到欧亚大陆北部郁郁葱葱的森林时，不知道是否有凶猛动物出没，因而不敢贸然进入。而北欧波罗的海的维京商人从俄国的森林地带将毛皮运到了里海北岸。俄罗斯的平原一望无际，冬天丰富的降雪在夏季融化之后缓慢流淌，形成了多条大河。北欧的波罗的海与中亚的里海、黑海之间有水路相通。维京商人将黑色貂皮等高级毛皮用吃水线很浅的维京长船运到里海北岸。

这样一来，各地的犹太商人都将眼光盯上了新兴的毛皮生意，在里海北岸毛皮商业的中心城市伊铁尔设立了商业据点。犹太商人最大的商业据点建在了中亚毛皮生意的最前线。利用在俄罗斯平原上纵横流淌的多条大河运输大量毛皮的维京海盗，人们用斯拉夫语将他们称为"罗斯"，意思是"精通航海的人"。这些运到里海北岸的毛皮大部分都会被出手大方的阿拉伯商人买走。

阿拉伯商人、犹太商人将这些被收购来的毛皮经由里海运到巴格达。身为海盗的毛皮商人在卖掉毛皮之后，除了换到所需的各种商品，还得到大量银币，在波罗的海、东欧等地作为称量货币广为流通。欧洲的货币化，并非始于西欧，而是始于北欧。

可以说，17世纪以后，从北海周边的海盗国家中，崛起了荷兰、英国这两个资本主义国家，但是，为其奠定基础的就是从9世纪到10世纪纵贯欧亚大陆南北的毛皮商业。

9世纪到10世纪这段时期，由海盗所带来的银币中的大部分，都是由伊朗族系的萨曼王朝（874—999）铸造的。该王朝在当时控制了丝绸之路的中心——粟特地区。这说明丝绸之路的很多商人也参与到获利颇丰的毛皮生意之中。

以毛皮生意的据点伊铁尔为首都，突厥族的可萨人建立了可萨汗国（存在时间为7—10世纪）。非常重视与拥有卓越经商才能的犹太人搞好关系的布兰可汗将自己的国教萨满教改为犹太教。可萨汗国在长达两个半世纪的时间里以犹太教作为国教很可能是想吸纳更多能力超群的犹太商人到该国来。

到了10世纪，阿拔斯王朝由于内部矛盾激化引发混乱，在草原地带，佩切涅格人的活动领地不断扩大，连接森林地带与草原地带的毛皮通道被切断，随后，可萨汗国也走向衰亡。

大批犹太商人迁往东欧和美国

由于受到蒙古人和土耳其人的排挤，大批犹太商人不得不迁徙到俄国、东欧、德国。犹太商人使用的语言是意第绪语（居住在高原地区的德国人使用的语言与希伯来语、斯拉夫语混杂在一起形成的语言），因此，这些人逐渐被人们称为"德国犹太人"。

顺便提及的是，现在全世界的犹太人总数大约为1350万人，但其中的九成都属于"德国犹太人"，另外的一成是流散到地中海的犹太人的后代，被称为"西班牙犹太人"。

"西班牙犹太人"一直从财政方面支持收复失地运动，但是到了"大航海时代"，有些犹太人离开西班牙（第二次大流散）。他们纷纷迁往当时属于新兴地区的安特卫普、阿姆斯特丹以及美洲大陆，为资本主义经济的发展做出贡献。

到了19世纪，欧洲掀起了民粹主义运动，犹太人受到迫害。为了逃难，犹太人纷纷迁往美国纽约，到20世纪20年代大约有200万犹太人在纽约定居。这些犹太人及其后代活跃在美国的各个领域，为美国的发展和繁荣发挥了非常重要的作用。例如，制造出牛仔裤的，创立好莱坞电影产业的，就是犹太人。留在俄罗斯的犹太人在俄罗斯发挥了重要作用。

信用经济向欧洲推广

商业资本在世界各地发展的起始时间不尽相同，在阿拉伯地区是8世纪到11世纪的阿拔斯王朝，在古代中国是从10世纪到13世纪的北宋、南宋，在欧洲是14、15世纪。欧亚大陆南部的印度洋、中国南海的商业通道被开发出来之后，推动了印度洋、东南亚、中国的商业发展。

但是，随着商业规模的不断扩大，两极分化现象也不断加重，在西亚，政治动乱愈演愈烈，商业中心从因战乱频仍而荒废的巴格达地区转向地中海地区。

在东亚同样如此，由于商业中心转移至长江流域，在中国北部、中亚的游牧民（突厥人、蒙古人）的军事侵略不断加剧。也就是说，无论是西亚还是东亚都进入了政治混乱时期。在这一背景下，蒙古人利用其在中亚的地缘政治优势，征服了花剌子模王国（1157—1219）；1258年，成吉思汗（1162—1227）的孙子旭烈兀（1217—1265）占领了巴格达；1279年，忽必烈（1215—1294）推翻了南宋；从13世纪到14世纪，蒙古帝国实现了欧亚大陆有史以来首次出现的商业网络的大统一。

商人充分利用这一巨大的商业网络，将"草原之路"和"海上之路"连接起来，开创了"亚洲圆环网络"，促进了整个欧亚大陆的商业资本发展。

当然，经济规模的不断扩大，引发了严重的货币短缺现象。为了解决这一问题，商人成功开发了信用经济。他们建立了许多票号，作为"与硬币的兑换证"的票据、支票得以大量流通，由于使用非常便利，后经意大利半岛传到欧洲，在荷兰、英国又演变为国债和纸币。

犹太商人将这一经济模式传到欧洲各地，因为他们拥有横跨欧亚大陆的商业网络。在信用经济日益膨胀的过程中，允许放贷取息的犹太人在金融方面占据了优势地位。

据说，在巴格达，出现了银币与支票相互交换的金融街，被票号开出的支票可以自由地购物。在巴格达开出的支票在遥远的摩洛哥也可以被人们当作现金使用，这就不难理解当时信用经济的网络有多么广阔。

在支票的基础上产生了纸币

在英语里"授信"叫credit，但credit本来的意思是"评价"。可见，欧洲受到了具有国际性的信用经济的影响。

票据、支票给欧洲也带来了重大影响。参加了十字军（11世纪末—13世纪）的圣殿骑士团在阿拉伯商业经济的影响下发行了以换钱为目的的欧洲最初的票据。用现在的话来说，就相当于旅行支票。

票据最初是票号为了缓解白银不足的局面而推出的，最先采用这种做法的人肯定不会想到，这种用起来非常方便的票据从意大利半岛流传到了欧洲各地。

不久，票据就被犹太商人传到了北欧。票据又出现了多种形式，例如：犹太人为了防止财产被没收，开动脑筋发明的无记名票据；荷兰政府发行的"国债"；英国商人发行的"纸币"等。

笔者曾在《世界史就是一部货币史》这本书中，从"长期的票据革命"这一视角，阐述了信用经济、金融技术，从意大利北部传到北海沿岸、荷兰、英国，欧洲的经济规模不断扩大，国债、纸币这些近代经济"工具"不断推广的过程。该书并非把经济的发展历程作为欧洲经济史来把握，而是在欧亚大陆的"大画面"（欧亚大陆世界史）之中来把握。

阿拉伯商人助推蒙古帝国崛起

游牧突厥人控制了阿拔斯王朝

中世纪时期，欧亚大陆的游牧民活动大体上可以分为两个阶段，一是阿拉伯半岛的阿拉伯游牧民的活跃时期，二是土耳其人（突厥人）、蒙古人等草原游牧民的活跃时期。不能实现粮食作物自给的游牧民与商人的关系非常密切，无论在上述两个时期的哪一个时期，游牧民的活动都大大促进了欧亚大陆市场经济的发展。

在第一阶段，在阿拔斯王朝的统治之下，商人将地中海、印度洋、欧亚大陆内部、撒哈拉沙漠连在一起，形成了巨大商业圈，将各城市的市场结合在一起，商人平稳有序地开展各种商业活动。

在第二阶段，在蒙古帝国的统治之下，整个中国、中亚（"草原之路"的商业）、俄国（毛皮贸易）被纳入新的欧亚大陆商业圈之中，阿拉伯商人与中国商人、印度商人、意大利商人等的商业合作迈上了新台阶。

阿拔斯王朝的都城巴格达、唐朝的广州、曾是俄国毛皮集散城市的里海北岸的伊铁尔、粟特地区的撒马尔罕、丝绸之路上的长安，贸易将中东与欧亚大陆的主要城市联系起来，与叙利亚、黎巴嫩、埃及、地中海等传统经济圈的联系也得到了加强。

无论哪个时代都是如此，每当经济处于繁荣鼎盛局面之时，贫富的分化就会加剧，政治局面就愈发不稳定。10世纪时也同样，如前所述，贫困的人们不满情绪加重，导致骚乱日益激化，最终演化为内战。

掌握了政治权力的富裕阶层，不得不从丝绸之路的商人中大量收买中亚草原地带的游牧突厥族青年充当军事奴隶。这件事的起因与游牧突厥人不断向阿拔斯王朝渗透有关，但是，其渗透的人中不只是突厥人，还包括粟特商人。突厥族的塞尔柱部族趁机控制了阿拔斯王朝，建立塞尔柱王朝（1037—1194）。

依赖蒙古帝国的"亚洲大商业循环"

13世纪，蒙古人掀起了新的波澜，他们先挺进西亚，紧接着进军中国，以中亚为中心将东、西两大商业圈整合起来，世界上首次出现了欧亚大陆经济圈。

突厥人的进攻也给拜占庭帝国造成严重的政治危机，为了应对这一事态，拜占庭帝国派遣西欧的十字军进行东征，间接促进了地中海周边国家经济的发展。随着重犁的普及、农耕中马和牛的利用、三圃制等技术方面的革新，欧洲的农业取得了飞速发展，欧洲经济进入了新的发展期。

从13世纪到14世纪，蒙古帝国凭借军事力量控制了整个欧亚大陆。帝国高度重视商业的发展，将元朝的都城大都（现在的北京）与伊尔汗国（1258—1353）的大不里士连接起来，建立了陆上的经济大动脉。在海洋方面，帝国将波斯湾、马六甲海峡连接起来，将印度洋、东海的大市场连在一起。

波斯湾的霍尔木兹与紧靠台湾海峡的福建泉州成为世界著名的两大海港，和"海上之路"与"草原之路"连在一起，形成了亚洲的圆环形网络。

经陆路到达元朝，作为元朝官员服务了17年又经海路返回的威尼斯商人马可·波罗（1254—1324）的《马可·波罗游记》（又名《东方见闻录》），就是一部通览欧亚大陆商业全貌的报告，在该书中有关"物产丰富的中国"和黄金岛"东瀛"（日本的别称）的记述，成为后来哥伦布开展横穿大西洋的远洋航行的诱因。蒙古帝国统治下形成的亚洲圆环形网络与大航海时代有着很深的历史渊源。

1258年，旭烈兀占领巴格达并创建伊尔汗国，致使欧亚大陆的经济重心转移到以元大都和伊尔汗国的大不里士这两大城市为中心的"草原之路"上来。

地中海商业的复兴和意大利商人的崛起

文艺复兴所需要的钱从哪来？

历经十字军东征、蒙古帝国的东征西讨、欧亚大陆商业的腾飞，从11世纪至15世纪上半叶，地中海商业发展迅猛，威尼斯、热那亚等意大利各城市与亚洲经济连接起来。位于亚得里亚海最北端的威尼斯共和国成为地中海商业的中心。当时，威尼斯已经拥有大约3000艘商船和300艘军舰，以西亚、北非和大西洋为商圈，威尼斯商人收购商人从印度洋运来的胡椒和丝织品，转卖到欧洲。以毛织品等内陆产业的发展为背景，米兰、佛罗伦萨等地中海商业圈也迅猛扩大。以佛罗伦萨的美第奇家族为代表的各个城市的金融业也快速发展起来，为文艺复兴提供了坚实的经济基础。

即使是处于欧洲边境的北欧，在12世纪前后，一些四海为家的商人在大领主的领地定居下来，结成商业协会，通过与领主交涉取得了自治权。按照城市法开展城市治理的自治城市为了在更广阔的区域顺利开展商业活动，积极创建商业网络并在此基础上结成了城市同盟。

自12世纪以后商业中心由巴格达一带转移到埃及法蒂玛王朝（909—1171）的首都开罗、伊比利亚半岛的后倭马亚王朝（756—1492）的科尔多瓦。国际商业的中心转移到地中海一带，促进了威尼斯、热那亚、比萨、阿马尔菲等意大利各城市的发展。

意大利商人采用了先进的"阿拉伯数字"和"十进制"，并将这些新的计算方法推广到整个欧洲。

意大利商人还共同出资、共同经营现金之外的融资、票据交易、期货交易等。14世纪采用了将"借方""贷方"一并写清的复式记账法，并作为具有威尼斯特色的商业模式推广到意大利北部各城市。

商人的奇思妙想促进了数学的发展

对于欧洲的经济发展和自然科学进步起到重大推动作用的"阿拉伯数字"、代数、复式记账等，都是商人根据丰富的商业经验发明的商业工具，也是商业资本发展的佐证。人们在算式中使用的"=",表示的是天平两端处于平衡的状态，由此可见，商业和数学之间有着非常密切的关系。

随着经济在国际范围内的发展，用于铸造银币的白银短缺的局面日益加重。9世纪，银的主产地伊朗高原的霍拉桑地区和中亚的粟特地区的产量加在一起，每年仅有150吨到180吨。

商人为了应对经济规模不断扩大的局面，采用了印度数学方法。他们采用的印度数字得到了改良，在8世纪到9世纪发展为"阿拉伯数字"，其中在北非被改变形状的数字，成为欧洲的阿拉伯数字的原型。据考证，欧洲是从10世纪开始使用阿拉伯数字，此前都使用罗马数字。大一些的数就用 Ⅰ 、Ⅴ 、Ⅹ 等排列组合的罗马数字，但写起来又费时费力，商人都为此深受困扰。

与此相反，阿拉伯数字的十进制是把"定位"排列组合，无论多大的数字都可以用从0到9的十个记号简单表示出来。阿拉伯数字使计算变得非常容易，对于用惯了罗马数字的学者、商人来说，简直就像是奇幻的魔术。使用阿拉伯数字进行计算，可以将所有的数字演算过程都记下来，验算起来也很方便。

1299年，倾向于保守的佛罗伦萨票号协会开始明令禁止使用阿拉伯数字。这样做可能是出于繁杂的计算容易掩盖赚取的利益的考虑。

复式记账在1300年前后才传到意大利，1340年在热那亚被广为接受。当时恰逢文艺复兴初期的画家乔托·迪·邦多纳（1266—1337）声名鹊起。

到了1494年，被称为"近代会计学之父"的数学家卢卡·帕乔利（1445—1517）撰写的数学和商业数学的入门书《算术、几何、比及比例概要》（又称《数学大全》）出版。在该书中，帕乔利通俗易懂地介绍了记账的方法。不久后，他将这一部分单独出版，书名为《计算及记录详论》，该书因内容通俗易懂而广受欢迎。无论是"经济""会计"还是其他学科，简单、方便才是最重要的。

票号的"桌板"是"银行"一词的源头

10世纪，由于政治上发生的混乱，硬币铸造量下降，经济规模急剧扩大，货币需求猛增，精炼白银所必需的木材不足致使银产量下降，因此，西亚地区白银短缺、硬币短缺的局面日益加剧。

关于铸造硬币所必需的木材的短缺，日本学者宫崎市定（1901—1995）指出，"10世纪的西亚可以说正在遭遇严重的社会危机。这一危机用一句话来概括就是资源的枯竭。特别是深受森林资源枯竭的困扰，人们连造船的木材都找不到，必须要从很远的欧洲运来。只从造船用的木材已经短缺来看，就不难想象采矿业使用的燃料资源已经枯竭到什么程度了。不幸的是，在西亚地下没有能够代替木材的煤炭，即使有石油，在当时人们也不了解利用它的方法"。

遭遇"通货"严重短缺这一深刻事态的当地商人在无路可走的

情况下，只好发行起源于波斯的即期汇票、远期汇票及期票等票据，本来是想以此来弥补由于银币短缺而造成的损失，反而促进了信用经济的发展。在票据、汇兑迅速普及的背后，是因为人们对于拿着这些票据到商人那里肯定能换到银币深信不疑，也就是说，人们对于商人的"信用"是票据得以普及的前提。

在一些大都市，开展第纳尔金币、迪拉姆银币和地方性货币汇兑的票号兼办存款、贷款、汇款业务。据说，当时将银币拿到票号之后，由票号扣除手续费之后发放支票，在票面限额的范围内可以用来在市场上自由购物。商人可以用在巴格达发行的支票到摩洛哥换成现金，可见，当时汇票、支票的流通范围之广。

这种信用经济，很快就推广到与当地商人开展商业往来的热那亚等意大利各城市。佛罗伦萨的美第奇家族开办的银行在热那亚、那不勒斯、罗马、日内瓦、里昂、布尔日、伦敦等地开设分行，在欧洲各地都配备了办理票据交易的代理人。

现在，银行对于外汇存款都要收取非常高的手续费，很可能就是历史惯例沿用至今。在当时，不仅是第纳尔金币、迪拉姆银币，各地铸造的各种各样的货币都在流通，商人巧妙地利用票号这种方式，以兑换手续费来收取利息。商人发明的这种汇兑系统，在十字军东征时期传到了意大利半岛和伊比利亚半岛。

在欧洲，票据兑换、外汇兑换、汇款、保险等交易本来都是由商人自己承办的，但逐渐地，专门办理这些业务的银行出现了。热那亚在12世纪、威尼斯在13世纪、拥有佛罗伦萨等大都市的托斯卡纳地区在14世纪初，都出现了银行。

美第奇家族的银行虽然很有名，但佛罗伦萨的银行在1350年前后已有80多家，通过办理票据兑换、外汇兑换和转账、汇款、保险、为社会上层人士和商人提供贷款等业务，获得巨额利润。

德国南部的奥格斯堡的富格尔家族，从织布起家，后通过经营矿山获取了巨额财富，投身银行业也大获成功。哈布斯堡家族的查理五世（1500—1558）在被推选为神圣罗马帝国的皇帝（在位时间为1520—1556）时，还要依靠从富格尔家族借钱维持帝国的运转。

13世纪以后，随着意大利商人迁往欧洲各地，票据结算、账簿结算等非现金结算方法被推广到欧洲各地。表示"银行"意思的英语bank的来源就是意大利语的banca。Banca本来是票号在市场上开展生意时使用的"桌板"的意思。在英国发行的纸币的原型是金块的"存单"，这些"存单"是从意大利迁移过来的伦敦的金匠发行的，本来是商人为了给远方的亲友汇出"金""银"时使用的票据、汇票（存单、兑换证）。

宋元时期的商人与商业

宋朝的商业发展以及元朝的纸币发展

蒙古帝国成立之前，是欧亚大陆东部的中国经济迅速发展的时期。以北部的粮食作物为中心的经济，从唐末至北宋时期重心开始向稻米产量高的长江三角洲地区转移。该地区从越南传来了一年两熟或一年三熟的占城稻，因此，产量高出小麦数倍的稻米经济迅速发展，一举扩大了中国的农业经济规模。

正如俗语"苏湖熟，天下足"那样，当时出现了这样的局面。在南部的江苏、浙江、福建、广东等沿海地区，海外贸易也得到迅猛发展。到了宋代，市舶司（负责海上贸易的机构）在沿海的广州、泉州、明州等7个城市均有分布。

从11世纪到12世纪，许多商业繁荣的"镇""市"出现，被称为"草市"的小规模市场大量涌现。随着饮茶文化的日益流行，瓷器制造业也迅猛发展起来，出现了景德镇等世界性的瓷都。

瓷器是用含有石英的黏土烧制出来的，中国生产的"宋瓷"，出口到东南亚、南亚以及中东等地。这样一来，"海上丝绸之路"也被人们称为"陶瓷之路"。宋代是中国商业繁荣的时代。

宋代的经济规模急剧扩大，使本来发行量就已经很大的铜钱、铁钱的流通范围也随之扩大。北宋时代（960—1127）的铜钱铸造量达2亿~3亿贯。但令人遗憾的是，原材料铜的采掘进度追赶不上铜钱的铸造进度。因此，宋代才不得不在四川及其周边地区使用铁作为铸造货币的材料。

但是，用铁铸造的硬币不但价值低而且分量较重，在开展大额交易时不够方便。因此，四川的商业城市成都的商人就纷纷开设"交子铺"，将铁钱存放在那里，作为铁钱的"存单"发行"交子"。铁钱的存单"交子"能够与铁钱同样使用。分量较重的铁钱用起来不太方便，所以"交子"有其存在的合理性。但制作"交子"需要具备前提条件，那就是高超的造纸技术和印刷技术。

能够随时换成铁钱的"交子"使用起来非常方便，但是时间一长，便出现交子无法兑现及造假的问题。因此，朝廷就以此为借口，从商人手中夺走了一本万利的"交子"发行权。

1013年，北宋准备了36万贯铁钱，在此基础上多加了89万贯，共发行了125万贯的"官交子"。由于发行了相当于实有铁钱数量3.5倍的"官交子"，朝廷不露痕迹地获得了巨额的发行利益。这个"交子"就是世界上最早的"纸币"。到了元朝，朝廷为了从民众手中掠夺更多的财富，全面掌控纸币"交钞"的发行权，并将其作为大发战争财的手段。

《日元王子》（*Princes of the Yen*）一书的作者、德国经济学家理查德·威尔纳（1967—　）关于"交子"指出，"只有皇帝发行、盖上玉玺大印的纸币才是货币。此外的货币制造都不被认可。违反者会被处以死刑"。元朝将制造货币的材料"铜"换成成本低廉的"纸",并允许作为"软货币"的纸币在全国流通。

后来,由于滥发纸币成为常态,元朝发生了恶性通货膨胀,致使民众的负担不断加重。

商人阿合马巩固了元朝的财政基础

蒙古人对于中亚大草原发起征战行动的最初目的是从商人那里征税,但后来就演变成通过对游牧民和农民的军事包围达到获取钱财的目的,以类似"拼布"的方式构建"无形帝国"。毋庸讳言,朝廷把阿拉伯等地的商人当作色目人来优待,成为蒙古人的伙伴。对于中国的汉人则采取了高压态势。

元朝构建了将纸币作为统一货币的体系,其经济规模从国际范围来看,居于西亚的白银经济之上。盐的专卖收入占了元朝财政收入的八成。

对于刚占领的南宋地区究竟应该采取何种方式征税,商人阿合马(?—1282)给忽必烈提出了建议。关于阿合马的事迹在《马可·波罗游记》一书中有比较详细的记述。

1271年,元世祖忽必烈将本来是作为皇后察必(?—1281年)的陪嫁奴隶进入皇宫的商人阿合马提拔为掌管国家财政的最高长官。得到忽必烈赏识的阿合马实际上在1270年就已经掌握了管理元朝财政的大权。

1279年,元朝灭掉南宋之后,阿合马致力于构建江南经济的统治体系。阿合马通过推行盐专卖制度、在江南各地开征商业税等,为巩固元朝的财政基础立下汗马功劳。忽必烈对他的能力给予高度评价,并为他提供了种种优厚待遇,在阿合马的引荐之下,许多中亚的商人被元朝任命为地方长官及征税官员。

但是，阿合马把严格的征税承包方式全盘推行到江南，推翻了此前在中国推行的征税方法，招致各地官员的不满和既得权益阶层的仇恨，这也是不可否认的事实。阿合马在元朝全面禁止使用铜钱，让纸币在全国范围内流通。

马可·波罗在《马可·波罗游记》中关于纸币进行了阐述，"拥有与纯金和纯银的货币同等的地位和权威""纸币是获得了法律认可的"。对于用惯了金币、银币的马可·波罗来说，利用纸币获取财富无异于合法地掠夺。

元朝历经不到一百年的时间就灭亡了，纸币就成为不具有任何价值的成堆的纸屑。

欧亚大陆的商业体系因"草原之路"而重组

忽必烈于1279年灭掉南宋，将整个中国纳入他的统治之下。蒙古帝国成为疆域庞大的帝国。拥有娴熟的骑射本领的游牧民将军事征战最大限度地用在商业活动之中，获取了无法计数的财富。他们充分利用地缘政治优势，实现了经济的大逆转。他们将军事作为赚钱的手段，将目标瞄向伊尔汗国和元朝这两大农耕地区，通过军事征战获取财富。

蒙古帝国引发了欧亚大陆的"商业革命"。忽必烈创建了以"欧亚大陆圆环状网络"为"帝国的大动脉"的巨大市场，它是波斯湾霍尔木兹与中国泉州相连的"海上之路"与乘马往返的"草原之路"相连接的巨大商业网络。蒙古帝国以地缘优势和强大的骑兵维持商业秩序，管理涵盖整个欧亚大陆、由无数商人编织起来的商品循环网络。

中亚商人与蒙古贵族结成合作共赢关系

在重视流通的蒙古帝国，游牧民对于商业也表现出积极投身其中的意愿，由蒙古贵族和中亚商人共同出资，建立了为数众多的被称为"斡脱"的组织。在商人与蒙古贵族之间形成了双赢的局面。"斡脱"是突厥语，表示"同伙""合伙""伙伴"等意思，是特权商人共同出资的组织。

蒙古帝国的贵族们将凑在一起的白银委托"斡脱"开展运作，同时，"斡脱"在商旅活动中的安全保障、优先利用帝国的道路网等方面具有很多特权。"斡脱"有时还承揽帝国的一些金融、征税等方面的业务。

在元朝的经济运行中占据了支配地位的商人并不信任纸币，而是高度信任西亚的"国际货币"白银。

蒙古人也相信白银。忽必烈通过从农民那里征税维持地方财政，而中央财政则依靠盐的专卖收入和从商人那里征缴的商业税。元朝政府在将盐卖给汉人的盐商时，先让盐商用白银认购被称为"盐引"的票据。盐商在得到用"盐引"交换而来的盐之后，再销往各地，以赚取利益。

长江以北的农民则必须每家每户以白银纳税。当时超过六成的白银都产自云南地区，朝廷让民众迁往那里负责白银的采掘。

每年被朝廷收缴来的超过10吨的白银被皇帝（大汗）分给各地的蒙古贵族，这些白银中的一部分经商人之手流向西亚。来自中国的白银，使得由于白银枯竭而陷入停滞的西亚经济复苏。13世纪，其经济重新回到稳健上升的局面。

蒙古帝国时代的欧亚大陆

明朝与帖木儿帝国的对立与亚洲商业的萎缩

蒙古帝国由四大兀鲁思组成，它们分别是大元兀鲁思（1271—1402）、察合台兀鲁思（1222—1683）、旭烈兀兀鲁思（又称伊利汗国，1256—1357）和术赤兀鲁思（又称钦察汗国、金帐汗国，1219—1502）。这四个地区的统治具有两个共同特点，一是疆域广阔，二是依靠军事力量推行专制。所谓"兀鲁思"，是指并不是由土地而是由人的结合而构成的游牧集团，简单地说就是"人的集团"。因为游牧世界是由人（部族）的结合而成立的。在蒙古帝国灭亡之后，欧亚大陆的各个帝国依靠蒙古各个部族的结合来维持对广阔疆域的统治。

1351年，处于蒙古帝国核心地位的大元兀鲁思爆发了大规模的农民起义（红巾军起义，1351—1366），从起义军中独树旗帜并不断发展壮大的朱元璋的军队，将蒙古势力驱赶到蒙古高原（北元，1368—1389）。

1368年，朱元璋建立明朝（1368—1644），将都城定在江南的南京。明朝从蒙古帝国时代构建起来的"亚洲圆环状网络"之中脱离出来，实施了海禁（禁止商人开展对外贸易）和朝贡贸易。

由于黑死病（鼠疫）的大流行，14世纪下半叶，埃及、北非、欧洲的人口锐减了三分之一。蒙古帝国时代形成的欧亚大陆的巨大商圈陷入毁灭状态。世界名著《十日谈》的成书背景就是当时黑死病的大流行。佛罗伦萨的10名男女为了躲避黑死病而在乡间的一处宅邸里闭门不出，为了打发时间，排解恐惧，每人每天讲一个故事，这些人在一起住了十天，共讲了一百个故事，乔万尼·薄伽丘（1313—1375）将这些故事汇编成书《十日谈》，这部短篇小说集被后来的人们称为文艺复兴时期的杰出作品之一。在蒙古帝国的衰亡时期，欧洲由于黑死病的大流行也进入了衰退时期。

也正是由于上述原因，中亚的察合台兀鲁思成为蒙古帝国复兴活动的中心。从察合台兀鲁思中分立出来的突厥族游牧民的帖木儿（1336—1405，在位时间为1370—1405）打出了复兴蒙古帝国的旗号，建立了帖木儿帝国（1370—1507）。

帖木儿于1405年亲率20万大军向明朝发起进攻，当时明朝的皇帝是永乐皇帝朱棣（在位时间为1403—1424）。但是，年事已高的帖木儿还没有踏上明朝的土地就因病去世，军队无功而返。失去了强势领导人的帖木儿帝国开始走向衰亡，蒙古帝国的重建遇到重大挫折。

1404年，在日本京都的金阁寺，室町幕府第三代将军足利义满（1358—1408）从永乐皇帝的使节手中接过刻有"日本国王"的金印，日本加入勘合贸易（勘合：明朝对外开展朝贡贸易时，证实是否为正式使节船而发行的符书。以明朝与日本之间开展的朝贡贸易为例，符节分别为"日""本"二字，日本船携带"本"字，中国船携带"日"字，借此相互证实身份）。同年，永乐皇帝派遣郑和率领由2.7万名乘员组成的庞大舰队远航印度洋（郑和的远洋航行前后多达7次）。

日渐衰亡的帖木儿帝国于1507年被祖先为突厥人的乌兹别克人打败，最后一位皇帝逃亡到阿富汗。随后，帖木儿帝国的残余势力于1526年入侵印度北部，建立莫卧儿帝国（1526—1857），凭借军事力量统治印度社会长达300多年。

明朝由于1644年大规模的农民起义（李自成起义）而灭亡。

奥斯曼帝国、大清帝国、俄罗斯帝国的商业活动

欧亚大陆庞大游牧帝国统治的第二阶段，主要分布区域有：地中海、西亚、印度、东亚、欧亚大陆北部的大森林地带以及中亚的草原地带等。掌握特权的商人成为这几大军事帝国强大的经济后盾。

在帖木儿帝国和大明帝国灭亡之后，欧亚大陆的干燥地带出现三个庞大帝国并立的局面，它们分别是奥斯曼帝国、莫卧儿帝国和大清帝国。

奥斯曼帝国是依靠突厥骑兵和由巴尔干半岛子弟组成的"新军"（耶尼切里军团）巩固其军事统治；莫卧儿帝国实行的是让作为统治阶层的突厥人组建骑兵军团并为他们发放俸禄的制度；大清帝国推行亦兵亦农（战时皆兵、平时皆民）的八旗制度，将满族人以及蒙古人、汉人组织起来。

俄罗斯帝国是在16世纪初术赤兀鲁思灭亡之后，日益没落的突厥族游牧民自发结成名为"哥萨克"（意思是"自由自在的人"或"勇敢的人"）的全副武装的骑兵军团，承担开疆拓土、维持治安的目的，在此基础上逐渐发展成的强大帝国。

这些帝国均积极地利用军事力量开展商业活动。

西方的土耳其人和东方的满族人各自建立的庞大帝国

在欧亚大陆的"西部"，由于受到帖木儿帝国的压迫，土耳其人奋起反抗，以"从土耳其半岛到东地中海"为中心建立了横跨欧、亚、非三洲的奥斯曼帝国（1299—1923），将阿拉伯人置于统治之下。1453年5月，奥斯曼帝国的皇帝穆罕默德二世占领君士坦丁堡，一举推翻拜占庭帝国（东罗马帝国），将其国土全部吞并。

随即，君士坦丁堡改名为伊斯坦布尔，大巴萨姆、埃及市场成

为西亚和东地中海的商业中心。奥斯曼帝国击败威尼斯海军，掌握了东地中海的商业霸权，先后征服了叙利亚、埃及等。为此，意大利的商业中心转移至遥远的热那亚，进而又转移到大西洋的安特卫普。

奥斯曼帝国是统治着比整个欧洲还要大的疆域的由多民族构成的帝国，地中海、北非、西亚、东欧都处于其统治之下，但是，到了19世纪，在巴尔干半岛和埃及掀起民族主义高潮，奥地利、法国、英国和俄罗斯崛起，奥斯曼帝国的实力被大大削弱，又受到第一次世界大战的影响，最终走向崩溃。奥斯曼帝国独立出30多个国家，在中东和北非，混乱局面一直持续至今。

在欧亚大陆的"东部"，努尔哈赤（1559—1626）构建起相当完善的军事体系（八旗），建立后金，利用明朝被大规模的农民起义推翻的有利时机向中原进军，最终建立了大清帝国。

俄罗斯帝国的商业活动

蒙古帝国灭亡之后，欧亚大陆出现的最大变化是北部森林地带的俄罗斯民族的迅速膨胀。在蒙古帝国时代，被金帐汗国统治了200多年的俄罗斯民族在此基础上不断发展壮大。1480年，莫斯科大公国的伊凡三世（1440—1505，在位时间为1462—1505）摆脱了金帐汗国的统治，迎娶了拜占庭帝国（东罗马帝国）末代皇帝君士坦丁十一世的侄女索菲娅公主，以1453年君士坦丁堡被攻陷、东正教失去保护者为理由，继承了拜占庭帝国的文化、理念和制度。伊凡四世（1530—1584，在位时间为1547—1584）成为第一位沙皇。俄罗斯帝国的成立，中亚与欧洲相连的通道被拦腰切断，游牧民也就不可能再利用这条通道开展商业活动，为欧洲的进一步发展奠定了基础。

  1613年，俄国开始进入长达300年的罗曼诺夫家族的统治时期，也就是罗曼诺夫王朝（1613—1917）。罗曼诺夫家族在很短的时间内构建了帝国的体系。罗曼诺夫王朝在毛皮需求激增而毛皮资源日益枯竭的背景下，从1578年至1636年依靠哥萨克征服了广袤的西伯利亚，作为新的毛皮供给基地。

  哥萨克是由突厥族游牧民组建的军队，很快发展成为超越奥斯曼帝国、萨法维王朝（又称萨非王朝，1501—1736）的强大骑兵队。俄罗斯拥有了强大的军事力量。

  当俄国的毛皮生意达到鼎盛时期时，得知荷兰、英国已经相当繁荣发达的彼得一世（又称彼得大帝，1672—1725，在位时间为1682—1725）决心向海洋彼岸进军。他在与瑞典展开的北方战争（1700—1721）中控制了波罗的海，在波罗的海的入海口建设港口都市圣彼得堡，以此作为新的首都。但是，从波罗的海进入大西洋是极其困难的事情，俄国开始推行从西伯利亚东部的鄂霍茨克海进入亚洲海域的政策。1728年，受命于俄皇彼得一世的丹麦航海家维他斯·白令（1681—1741）穿越亚洲和美洲大陆之间的海峡（后被命名为白令海峡）。这次探险的意外收获是俄国得知优质的毛皮动物海獭在北太平洋有着广泛分布。于是，俄国的毛皮贸易中心就从森林地带转移至北太平洋。俄国的毛皮商人纷纷涌向千岛群岛、阿拉斯加、加利福尼亚。

  1812年，俄国军队击败了拿破仑对莫斯科的远征，从而名噪一时。

第 5 章

海洋资本主义的兴起

大航海时代下，世界商业版图扩大

海洋资本主义从大西洋兴起

自5000年前文明诞生至距今500年前，人类的"世界"从四个地带向外膨胀：①欧亚大陆广袤的干燥地带；②欧亚大陆北部的草原地带；③欧亚大陆南部的亚洲季风地带和印度洋；④地中海北部的欧洲。

但是，500年前处于欧亚大陆边陲位置的欧洲，把大西洋（面积相当于欧亚大陆面积的2倍）和美洲大陆（面积相当于欧亚大陆面积的75%）纳入"世界"中来。这些地区与各种文明繁荣昌盛的欧亚大陆相比属于另类的发展落后的地区，欧洲人利用天花（由天花病毒引起的一种烈性传染病）的大流行，在各帝国的"殖民地"的基础上不断发展壮大。他们将种植园（具有商业性质的大规模农业）与大西洋的商业、奴隶贸易结合在一起，促进了"海洋资本"的发展。也就是说，与欧亚大陆各帝国有着完全不同架构体系的海洋"世界"，作为新鲜血液被纳入世界史中来。地球的形象随之发生重大变化。从浩瀚无垠的大海来看，欧亚大陆也只不过就是一个"岛屿"而已。

后发地区的欧洲的历史之所以被人们浓墨重笔地详细阐述，那是因为19世纪中叶以后，欧洲获得迅猛发展并将欧亚大陆的"世界"吞没。

"祭司王约翰的王国"传说将葡萄牙人拉入"海"中

世界史以人预想不到的方式连续不断地向前推进，就连大航海时代也被置于蒙古帝国的延长线上。蒙古帝国将欧亚大陆东西两部分的经济整合在一起。这一动态是如何引发欧洲发生变化，又与大航海时代有怎样的联系呢？

解开这个谜的关键就是"祭司王约翰的王国"的传说。传说在中亚有一个名叫"祭司王约翰的王国"，收到了十字军在与塞尔柱土耳其帝国作战中获胜的消息。这并非毫无根据，在宋代时，契丹人建立的辽国被女真人建立的金国打败，辽国转移至中亚建立了西辽（1124—1218）。十字军在最初的几次远征中从土耳其人手里夺回了耶路撒冷，但是，由于土耳其人的力量十分强大，后来的几次东征十字军屡战屡败。

此时，蒙古帝国已经在蒙古高原崛起，所以，罗马教皇和法国国王都对"祭司王约翰的王国"是否真的存在抱有浓厚兴趣，传教士普兰诺·卡尔平尼（1182—1252）、卢布鲁克（1220—1293）分别受罗马教皇和法国国王（路易九世）派遣，前往蒙古帝国等地搜集信息。在这一背景之下，《马可·波罗游记》这部书出版了。该书是经马可·波罗口述，由出身比萨的鲁斯蒂谦（生卒年不详）记录并加工润色之后出版的。当时比萨与热那亚开战，鲁斯蒂谦成了俘虏而被关在热那亚的监牢里，马可·波罗在回国途中因卷入威尼斯与热那亚的战争被关进热那亚的监狱，两名狱友合作完成这部长篇游记。马可·波罗记述的关于中国的繁荣富庶、经济规模庞大，再加上一些关于东瀛（日本）的信息，让欧洲的商人们心驰神往。与此同时，他也说明，蒙古帝国并非传说中的"祭司王约翰的王国"。不过，欧洲人对于"祭司王约翰的王国"仍不死心，最终怀疑埃塞俄比亚很可能就是传说中的"祭司王约翰的王国"。

如前所述，1453年，奥斯曼帝国占领君士坦丁堡推翻拜占庭帝国，地中海经济急剧衰退。奥斯曼帝国受到战乱的影响，与亚洲的贸易严重萎缩。这样一来，为数众多的意大利商人就在葡萄牙的里斯本构建商业据点，试图将大西洋作为对外贸易的舞台。受到这一时代潮流的影响，葡萄牙航海家恩里克王子（1394—1460）、巴尔托洛梅乌·迪亚士（1450—1500）、克里斯托弗·哥伦布（1451—1506）、约翰·卡伯特（1455—1499）等人纷纷登场。通过蒙古帝国时期的文明交流，中国的罗盘（指南针）、火药等也被传到欧洲，对于世界历史的发展具有非常重大的意义。

海上季风的发现推动了世界的商业化

地球表面的70%左右都是海洋。但是，海洋与沙漠一样，被人们的商业活动充分利用之后才开始产生价值。大西洋在人们海上的商业活动影响下，才拥有了价值。欧洲之所以在短时间内实现了快速发展，就在于欧洲人充分理解了海洋的构造并对它加以综合性利用。

在地球上，赤道海域与北纬、南纬30度海域之间的大气水分循环不断进行，这个大循环就成为世界形成与发展的基础。在赤道海域，大气和蒸汽不断上升，一直上升到平流层。雨水通常集中在北半球的北纬30度的地中海、西亚、中亚，南半球的南纬30度的澳大利亚附近。

在北回归线附近，风被分成两个方向，一部分朝向赤道，另一部分朝向极地。朝向极地的风由于地球的自转变成偏西风。

在大航海时代，海上世界被人们开发利用并非由于造船技术取得了革新，而是由于人们发现了季风的运行规律。人们对于地球表面复杂的风的循环以及与其相关的洋流的变化的认知，促进了海洋的开发利用，掌握了海洋知识的欧洲人开始引领世界发展的航程。

摩洛哥湾"大海的旋转"成为弄清世界风向的起点

大航海时代是以葡萄牙和西班牙这两个国家为主角，人们对此前远离欧亚大陆的大西洋、美洲大陆以及印度洋的了解逐渐加深的时代。而这一远洋航行活动的中心，就是热那亚等地的意大利商人为了建设大西洋贸易的据点而移居的里斯本。

葡萄牙是一个粮食不能自给的国家，许多人为了谋求生路，试图迁往拥有较多耕地的摩洛哥，并对海上交易的要冲——休达（位于北非的一座小城）发起攻击，虽然葡萄牙一度占领该地，但还是以失败告终。资源贫乏的葡萄牙必须寻求商业立国之路。

美国经济学家彼得·伯恩斯坦（1919—2009）在《货币、银行和黄金启蒙》一书中介绍，人们从摩洛哥到黄金之国几内亚，骑骆驼行进需要55天；而直布罗陀到几内亚的距离大约是前者的2倍，但是如果人们乘船的话，行进速度约为骑行骆驼的2倍。所以，两者所需要的天数几乎相等。但是，每头骆驼仅能运送0.4吨货物，而每艘船可以运送3吨到14吨货物，所以，用船运输更有优势。这样，葡萄牙商人就具备了从海上战胜骆驼商人的条件。

葡萄牙的恩里克王子在萨格里什海角设立航海学校，采用从中国传入的罗盘（指南针）和阿拉伯三角帆船，经过40多年的艰苦探险，终于实现了与几内亚的贸易。当时人们所面对的困难主要表现在三个方面：①帆船离赤道越近，海水温度越高，帆船越难以承受。②常从摩洛哥方向刮过来的狂风致使从非洲沿岸返回葡萄牙的船只行进艰难。③从撒哈拉沙漠吹来的狂风致使沿岸航海极其艰难。

葡萄牙人在开辟航线时遇到的最大困难是第②条，最终采用两个方法将这个困难克服：一是利用即使在逆风环境下也能以"之"字形前进的三角帆船；二是葡萄牙人发现了一条新航线，先航行到达距摩洛哥海岸线约100千米的加那利群岛，从那里向东北航行到达北纬30度附近，再利用从西南方向刮来的偏西风返回葡萄牙。葡萄牙人将这条航线称为"大海的旋转"。这就为弄清楚世界上大海的风向提供了契机。后来，哥伦布发现了利用季风、墨西哥湾洋流、偏西风将加那利群岛与加勒比海连接起来这一"大海的旋转"。随后，人们试图发现"大海的旋转"的活动不断展开，终于利用风向弄清了大洋的构造。

恩里克王子的探险活动通过与几内亚的黄金相结合获得了巨大利益。参加了探险的威尼斯商人阿尔维斯·卡达莫斯托（1432—1483）留下了他在尼日尔河流域与当地人开展黄金与盐的"无言贸易"的记载。葡萄牙于1445年前后在几内亚开展了大规模的用黄金交换奴隶的贸易活动。

恩里克王子为了维护王室与几内亚贸易的垄断地位，将非洲沿岸的海上航行图当作国家机密，从得到许可的商人那里征税。据说，16世纪初，每年约有700千克的黄金从非洲运往葡萄牙。

欧洲商人走向印度洋

葡萄牙王室的胡椒贸易

恩里克王子在去世之前，以缴纳巨额税收为条件将与几内亚开展的贸易委托给富商巨贾。此时，又有关于"祭司王约翰的王国"的新消息传来，那就是将航线向南延伸，可以找到"祭司王约翰的王国"。这一新消息促使迪亚士开始了远洋探险。不过，迪亚士在远洋航行途中遭遇暴风，致使航船随风漂流，在暴风过后，才发现本该向南航行的船正在向东航行。由于这一场虚惊发现了非洲最南端的迪亚士将遭遇暴风的地方命名为"风暴角"。

但是，葡萄牙国王若昂二世［又译"约翰二世"（1455—1495），在位时间为1481—1495］将这一名字改为"好望角"。这是因为若昂二世此前曾派人乔装打扮成阿拉伯商人前往印度的胡椒产地打探情况，据此得到了明确信息，只要越过非洲的最南端就是印度洋海域，从那里就可以到达胡椒的产地印度。当时的欧洲人使用森林里的橡果饲养大量的猪在秋天宰杀，用猪肉加工火腿、培根等熟食制品时，必须用到一种材料作为杀菌剂或者调味料，那就是胡椒。欧洲本地人根本不种植胡椒，只能从遥远的地方进口，故胡椒被人们视为很贵重的香料，自罗马时代以来就被人们视为重要商品，阿拉伯商人和意大利商人通过胡椒贸易赚取了巨额利润。如果葡萄牙帆船能够迂回好望角从印度洋直接运回胡椒的话，就能够一举获得巨额财富。

不过，葡萄牙在随后的10年间连续发生饥荒，再加上若昂二世唯一的儿子——阿丰索王子意外死亡，印度的航海探险因此搁浅。而哥伦布在看到《马可·波罗游记》里"东瀛岛的黄金"时，就开始筹划如何到达亚洲。

1497年，达伽马率领约170人组成的船队越过好望角，在途中的肯尼亚雇佣了阿拉伯人担任海上向导，顺利到达胡椒的集散地——印度的南部城市卡利卡特。

船员们在那里买到了相当便宜的胡椒后，却在返程的途中在印度洋上迷失了方向，大约有110名船员丧失性命，船员们深刻体会了航海的艰辛和艰险。但是，回到目的地之后，他们在印度采购的胡椒在市场上以相当于购入价60倍的高价卖出。之所以能够卖出如此高的价格，是因为阿拉伯商人、意大利商人等胡椒的中间批发商人层层加价。

若昂二世在40岁英年早逝之后，他的堂弟曼努埃尔一世

（1469—1521，在位时间为1495—1521）继位。曼努埃尔一世将胡椒贸易作为王室的一项重要事业，每年都往印度派出贸易船队，人们称他为"葡萄牙和印度洋之王"。葡萄牙虽然是一个小国，却成功地开辟出连接大西洋和印度洋的胡椒贸易的干线航道。

葡萄牙每艘商船每年采购的胡椒约为20吨，接近威尼斯商人每年采购量的一半，商人将其运到里斯本销售，售价高达采购价的13倍至16倍。

葡萄牙在亚洲构建起海洋商业网络

从当时的航海技术以及葡萄牙的经济规模来看，葡萄牙要想长期垄断海上航线的贸易，的确是一件极其困难的事情。于是，葡萄牙人就仿照意大利商人在地中海的做法，在印度洋的各个要地建立兼有堡垒功能的商馆，让配备小型火炮的商船航行在各个商馆之间，通过此种方式在亚洲构建起海洋商业网络。这对于人口仅有100万的葡萄牙来说，是个大工程，但葡萄牙也找不到更好的办法。

1510年被葡萄牙征服的印度西海岸的"黄金之都"果阿成为其亚洲的商业据点。果阿不久就发展成为人口超过20万人的城市。1511年，葡萄牙征服了东南亚的商业中心和面对马六甲海峡的马六甲王国，还进入了盛产丁香、豆蔻等高价香料的摩鹿加群岛。

葡萄牙商人提出了与明朝开展勘合贸易的请求，但遭到拒绝，随后沿着中国的沿岸北上，以福建漳州的月港、浙江的双屿港等为据点，加入明朝商人建起的网络。葡萄牙商人与明朝商人、日本商人等一起，在日本的白银（当时的日本是世界几大白银产地之一）与明朝的生丝、丝绸制品、棉布等的交易中充当中介角色，在日本的长崎和明朝的澳门之间开展定期贸易。

但是，葡萄牙难以维持在广阔的亚洲海域的商馆和舰队，葡萄牙在亚洲海域称霸的时代在短期内就结束了。进入17世纪之后，海运大国荷兰取代了葡萄牙的位置。在日本，葡萄牙的优势地位也被荷兰夺走。

被瓜分的美洲大陆

面积相当于大半个欧亚大陆的美洲大陆被发现

在欧亚大陆的干燥地带，帝国的兴亡在相当长的时间内不断上演。13世纪，随着蒙古帝国的建立，欧亚大陆的世界也进入新的发展阶段。在蒙古帝国的统治之下迅速推进的东西方文明的交流，让地处"边陲"的欧洲人对于世界的认识有了重大飞跃。

受《马可·波罗游记》影响，哥伦布决心避开陆上的奥斯曼帝国经海路向西航行前往中国，最终完成了两件大事，一件是开发出了横穿大西洋的新航线，另一件是发现了美洲大陆。自此以后，大西洋航线的开辟和人口向美洲大陆的迁移不断取得进展。世界的历史掀开了向大西洋和美洲大陆扩展的新的一页。例如，麦哲伦（1480—1521）环球航行一周的出资人就是想要向西航行开发前往摩鹿加群岛航线的德国大商人富格尔家族。富格尔家族为西班牙王室提供探险资金，促进了新航线的开辟。就像这样在大约300年的时间里，王室与商人们一道积极开展大西洋航线的开发，促使欧洲和美洲大陆发生了巨变。

但是，商品相当匮乏的大西洋和美洲大陆，实在难以与商业活动繁荣的亚洲相比。因此，商人们依靠对农业、工业、矿业等进行商业开发，促进"海洋资本"的发展。

商业是利用海洋获取财富的前提，商人们抓住了大展身手的机遇。在不断试错的过程中，以欧洲为市场的经济作物的大面积栽培开始出现。同时具备的三个有利条件促使全新的大西洋成为商业资本有利可图的竞技场，即资本主义经济、种植园经济、欧洲国家对美洲大陆开展殖民经济。

哥伦布一个接一个的梦想

哥伦布完成了伟大的壮举，那就是他发现了美洲大陆，但是，他一直以为那是亚洲大陆。但是，我们应该给予充分肯定的是他所具有的敢于直面挑战一切困难的精神。

哥伦布相信佛罗伦萨的地理学家托斯堪内里（1397—1482）根据地球球体学说绘制的航海图。哥伦布认为，只要从大西洋上的加那利群岛向西航行大约30天，就能够到达《马可·波罗游记》中所描述的中国沿海中最大的岛屿东瀛岛，就可以看到那里遍地都是的黄金。

哥伦布对《马可·波罗游记》中所描述的在东瀛有用两根手指厚度的黄金板条做成屋脊、墙壁、地板的黄金宫殿的真实性深信不疑，他认为如果第一个到达东瀛，就能够将发现的黄金据为己有。

1492年，哥伦布成功得到西班牙女王伊莎贝拉（1451—1504，在位时间为1474—1504）的航海支持。当时的西班牙刚刚推翻格拉纳达王国（1238—1492）完成了收复失地运动。在女王同意支持哥伦布这件事上，阿拉贡王国（1035—1707）的财务大臣路易斯·德·桑塔赫尔起到了非常重要的居中协调作用。据说，哥伦布航海费用的一部分是由热那亚的银行、商会负责筹集的。不管怎么说，对于哥伦布的航海，犹太人建立的商业网络提供了帮助是毋庸置疑的。

贸易离散社群的扩散

能够比较容易地横穿大西洋的航线被发现以后，很快在大西洋形成了连接欧洲、非洲、美洲的国际商业网络。美国历史学家菲利普·柯丁（1922—2009）在其著作《世界历史上的跨文化贸易》中指出，国际贸易是文化相异的人们之间开展的交易，其中通常会存在作为中介集团的"贸易离散社群"。

商人们大都遵循如下模式开展经商活动：先是离开家乡到遥远的都市（成为交易据点的都市）作为异乡人居住下来，学习当地的语言、交易惯例、生活方式等，掌握不同文化之间交易的模式，然后沿着交易渠道不断变换居住地点，与当地的商业社群开展交易，并大力推进与家乡的贸易。

随着交易规模的不断扩大，商人不断变换自己的居住地，这就形成了将商人的社群连接起来的交易网络，这种交易网络就是柯丁所讲的由离开家乡居住在外地的商人结成的贸易离散社群。也就是说，这种向海域拓展的具有共同性质的国际商人相互协作，大大促进了国际商品贸易的发展。

大西洋就被流散共同体开发成了网状的特殊商业空间，而离散社群是由来自各地的商人结成的。

如前所述，哥伦布和桑塔赫尔之间存在错综复杂的关联。当犹太人在伊比利亚半岛作战（收复失地运动）之时，有些犹太人虽然没有加入战争，但为参战的犹太人提供了资金支持，这些提供资金支持的犹太人遭到西班牙的驱逐（第二次大流散）。哥伦布率领三艘商船从帕洛斯港拔锚起航之日，有10多万犹太人离开了西班牙。

这些被称为"西班牙犹太人"的10多万犹太人徒步跨越国境移居葡萄牙，但好景不长，仅过了4年，又遭到葡萄牙驱逐，他们不得不迁往中东、法国、北海周边国家。并且，据说约有5万人越过直布罗陀海峡到达摩洛哥，或者是乘船逃往奥斯曼帝国。这是因为在那里人们对于犹太人没有偏见，并不歧视犹太人，犹太人在那里很容易开展商业活动。

犹太人中的一部分迁移到能够自由活动的大西洋周边国家，特别是美洲大陆，组建离散社群，为海洋资本主义的发展做出了重大贡献。

加勒比海被误以为"亚洲之海"

1492年8月3日，哥伦布率领旗舰圣玛丽亚号等三艘小型舰船（船员共120人）组成的船队从西班牙南部的帕洛斯港起航，为躲避飓风在加那利群岛滞留大约一个月，之后历经30天左右的航程，顺利到达位于加勒比海边缘的巴哈马群岛的瓜纳哈尼岛（哥伦布将其命名为圣萨尔瓦多）。自此，加勒比海就成为西班牙开展商业交易和政治统治的据点。

哥伦布误认为加勒比海就是亚洲的海，并继续在那里寻找"东瀛"岛。古巴岛被哥伦布误认为是亚洲大陆的一部分。原住民的酋长身穿带有黄金饰品的衣服，并说黄金的产地就是岛中部的"锡瓦奥"，因此，哥伦布便认为海地岛（哥伦布将其命名为伊斯帕尼奥拉岛）就是"东瀛"岛。由于语言不通，哥伦布如此认定也是合乎情理的事情。

但是，哥伦布在返回途中的船上写给提供航行帮助的桑塔赫尔的书笺被印刷出来并公开发行之后，欧洲人深感震惊。

哥伦布的最大功绩就在于他利用冬季风到达加勒比海，再利用墨西哥湾洋流北上到达亚速尔群岛，从那里利用偏西风返回欧洲，开辟出一条比较容易往返的大西洋航线。由于他开辟出的往返航

线，地中海与加勒比海的联系日益常态化。欧洲和美洲大陆连接成
了一个经济整体。

"哥伦布交换"改变了各地的生态系统

大航海时代出现了改变地球生态系统的动植物的大规模迁移。
美国历史学家阿尔弗雷德·克罗斯比（1931—2018）将其命名为
"哥伦布交换"，后来就变成了一般性的称呼。

由美洲大陆传到欧亚大陆的各种各样的作物让欧洲社会变得丰
足富裕。产自寒冷的安第斯高原的马铃薯给北欧带来了稳定的食物
供给；从墨西哥带来的红薯成为东亚的解救饥荒作物；木薯从奴隶
的粮食变成非洲的主食；美洲大陆的主要粮食作物玉米也在欧亚大
陆得到了全面推广和栽种，如今已经成为人们日常的食物。如果没
有原产地在美洲的西红柿，那么也就不可能有意大利面条和比萨
饼；如果没有原产地在美洲的辣椒，那么泡菜和干烧虾仁也就无从
谈起。

同时，小麦、甘蔗、羊、猪、牛、马等都被带进美洲大陆，其
中的一部分面向欧洲大量生产。在美国以西部大开发为内容的影片
中，由"印第安人"驾驭自如的马在美国已经绝迹，那里的马都是
西班牙人远征时带过去的家畜。在广袤的美洲大陆上，马曾经在交
通运输方面发挥了重大作用。

欧洲商人在此基础上创建了一个新的商业体系，那就是他们将
原产地是欧亚大陆的农作物带到美洲大陆大量栽培，然后再运到欧
洲市场销售，从中赚取利润。从更大的视角来看，这一体系促进了
商业资本的发展。

原产地是美洲大陆的植物并不能马上变成商品。人往往有保守
性，如果商人们不长时间地开展宣传，这些植物就很难变成商品。

例如，哥伦布在美洲大陆刚看到辣椒时，就盘算把它带回欧洲肯定会卖出比胡椒贵很多的价钱，结果却空欢喜一场。当时，欧洲人根本无法接受辣椒。但是，如今的辣椒已经成为泰国等东南亚国家具有代表性的调味料，日本的"激辛"（极辣）拉面、韩国的泡菜、欧美的塔巴斯科辣味沙司等，都离不开辣椒。辣椒已经成为各地食物的调味料、香辛料。西红柿、马铃薯等同样如此。

因此，商人将已经获得好评的甘蔗等经济作物带到美洲大陆的"广阔土地"，依靠种植园大量栽培，然后将以甘蔗为原料生产出来的砂糖运到欧洲的市场销售。

美第奇家族的商人明确了美洲大陆的存在

西班牙虽然在航海技术方面明显落在葡萄牙的后面，但为了垄断与"亚洲"（他们所认定的"新大陆"）的贸易，西班牙利用政治力量开展了全国总动员。1493年，与西班牙王室保持着密切关系的亚历山大六世（1431—1503，在位时间为1492—1503）独断专行，单方面划定"殖民地分界线"，遭到葡萄牙方面的反对。1494年，西班牙与葡萄牙签署《托尔德西里亚斯条约》，该条约宣布由西班牙和葡萄牙这两个国家瓜分大西洋，将其他国家排除在外。

处于被排除国家之列的荷兰，基于罗马法律有关"公海"的规定，主张大西洋并非属于西班牙和葡萄牙这两个国家，而是各国的公共资源，与英国、法国等国家一道，采取了利用私掠船、海盗船强抢过往西班牙商船货物的行为。

意大利航海家阿美利哥·维斯普西（1454—1512）既是佛罗伦萨的商人又是美第奇家族的人。从1493年到1494年，他乘坐西班牙商船航行到加勒比海、巴西北岸。后来，他又在葡萄牙国王曼努埃尔一世的支持下，于1501至1504年前后共两次航行到巴西沿岸。

他确信哥伦布发现的大陆并非"亚洲",并完成了关于美洲大陆的报告。

德国地理学家马丁·瓦尔德塞弥勒(1470—1520)看到了这份报告。1507年,他在与马蒂亚斯·林曼共同编写的著作《宇宙志》中,收录了阿美利哥·维斯普西关于美洲大陆的报告。所以说,美第奇家族的商人最早确认了美洲大陆的存在。

西班牙人利用天花的流行发动野蛮侵略

大航海时代,西班牙和葡萄牙征服了美洲大陆,揭开了对美洲大陆进行殖民统治的序幕。

西班牙征服者们认为美洲大陆是"自然的土地",利用战马和枪炮,对那里反复展开大规模的武装侵略。西班牙的侵略背景,是天花疫情的大流行。

踏上美洲大陆的西班牙人埃尔南·科尔特斯(1485—1547)、弗朗西斯科·皮萨罗(1471或1476—1541)等,从西班牙金融机构筹措到远征所必需的费用之后召集兵马采购船只,开始了侵略战争,并对被征服区域进行殖民统治。墨西哥的阿兹特克帝国(1372—1520)、秘鲁的印加帝国(约1200—1572)都是被科尔特斯、皮萨罗等西班牙侵略者征服后,变成西班牙王室的统治据点。

由西班牙人将墨西哥命名为"新西班牙"就可以清楚地看出,西班牙是想将美洲大陆西班牙化。西班牙先在美洲大陆建设城市,再以城市为据点统治农村。在摧毁阿兹特克帝国的首都之后建起的墨西哥城,人口很快超过1万人。截至1570年,西班牙共在美洲大陆建起了190多座人口数千人规模的城市,构建了覆盖城市和农村的统治体系。

西班牙虽然将传布天主教摆在了商业的前面,但是,与殖民地开展的商业活动却由王室掌管的塞维利亚通商院所垄断。后文会提到，依靠从秘鲁、墨西哥产出的大量白银，西班牙一度发展成为经济大国，但是由于在战争中投入大量金钱，西班牙的财政急剧恶化。深受巨额战争经费困扰的西班牙王室，寄希望于从美洲大陆继续运回大量白银，以王室收入为担保与德国的富格尔家族以及热那亚商人之间签署了借款合同，财政赤字扩大到难以控制的程度。在1557年至1653年之间，西班牙几乎是每隔几年就出现一次国家破产，为西班牙王室提供贷款的意大利热那亚也连同西班牙一起走向衰退。

在此期间，西班牙国内约占总人口2%~3%的贵族等，控制着全国97%的土地。"西班牙人依靠征服美洲获得的黄金白银，很快就被他们挥霍光了"，西班牙每年需要投入战争的经费数额巨大，阻碍了产业的发展，相反，却让白银被抢走的国家的工业获得了发展。

而在当时的法国等国家，国王通过经营殖民地和发展对外贸易得到的财富充当强化行政体系和常备军队的经费来源。国王与特权商人结合在一起，让特权商人承包国内商业和对外贸易，以此来确保强化王权所需要的财源。这就是所谓的重商主义。欧洲的主权国家将"海洋商业"纳入本国的经济体系，实现了财政重心从国内的农业向国外的"海洋贸易"和经营殖民地的转移。

占国内人口绝大多数的平民无法得到来自殖民地的利益，他们开始反对国王与贵族、商人相互勾结垄断财富的重商主义，要求自由放任的呼声日益高涨。到18世纪下半叶，英国经济学家亚当·斯密（1723—1790）撰写的《国富论》出版，该书提出经济是由"看不见的手"调整的，要求实现"自由贸易"和"小政府"。

由海外商人开发的种植园

砂糖成为世界商品

在欧洲国家看来，如果没有商业作为媒介，大西洋还无法产生经济价值。商人为寻找能够发财的经济作物都急红了眼。商人被称为"植物猎手"，满世界搜寻粮食、香料、药材、纤维等能够成为商品的植物，各国竞相在殖民地或本国建设植物园，目的就是寻找和贮存"赚钱的种子"。

在大航海时代脱颖而出成为热门商品的就是在欧洲大陆已经取得很大收益的甘蔗。砂糖的原产地虽然是新几内亚，但是，它在经由印度洋运到阿拉伯地区之后才广受欢迎。商人曾将砂糖作为药剂在埃及大量生产，而商人将砂糖作为赚钱的甜口食材、调味料，是大航海时代商人将甘蔗栽种在马德拉岛、圣多美岛等大西洋岛屿之后出现的。由于奥斯曼帝国的崛起，意大利商人的关注点转移到砂糖上。

有相当多的学者指出，资本主义经济始于砂糖产业。但是，很少有人知道，在其背后有一大批犹太商人与热那亚商人等一道做出了不可磨灭的贡献。德国经济学家维尔纳·桑巴特指出，1492年，犹太人在位于赤道附近的圣多美岛创建了最早的大规模甘蔗农场。

在美洲大陆最早种植甘蔗的国家是巴西。1549年，葡萄牙派往巴西的首位总督托马斯·索萨（在位时间为1549—1553）开始在巴西东北部生产砂糖。据说，索萨是改信了天主教的犹太人。在成为大西洋商业核心的甘蔗种植中，犹太商人发挥了主导作用。

人们在巴西的农场里生产出来的砂糖被荷兰商人采购运到阿姆斯特丹精制，然后销往欧洲各地。

1580年，西班牙将巴西吞并，荷兰独立战争（1568—1648）进入白热化阶段，荷兰的大批砂糖商人被驱逐出巴西。这些荷兰商人迁移到加勒比海沿岸，并在那里开辟了甘蔗种植园。由于仅靠他们个人的力量难以扩大生产规模，他们便将种植技术传授给英国人，促进了甘蔗的大规模生产。

17世纪，加勒比海域的荷属库拉索岛、英属巴巴多斯岛等都建起大规模的甘蔗农场。据说，在这两个岛上居住着许多犹太人，在巴巴多斯岛白人自由民中的30%都是犹太人。

奴隶贸易盛行的原因

生长在亚热带的甘蔗不受季节影响，人们在种植一年半左右即可收割，但是甘蔗被收割后甜度会急剧下降。因此，必须尽快开展榨汁、加热、蒸馏的连续性操作。在甘蔗的种植园中，必须设立简易的制糖工场。商业资本将农业与工业紧密结合的经济方式，就这样在甘蔗的种植园里诞生了。

种植园里需要大量的劳动力，但是，由于天花的流行，美洲大陆的原住居民数量锐减，在当地难以招集到劳动力。这就产生了极不正常的现象，以与商业资本相互联动的形式，奴隶贸易大行其道，作为"劳动力"的人本身变成了商品。

从16世纪到18世纪，装满纺织品、日用品、食品、火枪等的商船源源不断地从欧洲的各大港口驶向非洲西岸各港口，商人将商船装满奴隶并将他们作为劳动力卖到巴西、加勒比海域、美国南部的种植园，商人再从这些地方购买砂糖、烟草、棉花等运往欧洲销售（或者是加工之后销售），这种大西洋三角贸易推动了欧洲的经济发展。

在加勒比海域诞生的大农场，商人为了将砂糖作为商品向欧洲市场提供，必须要采购土地、劳动、粮食等商品，在当地确立了以这种供求关系为基础的生产方式，学者们将其视为资本主义经济的起源。

美国历史学家伊曼纽尔·沃勒斯坦将"资本主义"的特色归结为"贪得无厌的资本积累"。但是，这个时期英国的种植园主大都以依靠地租、利息作为收入为理想追求，并没有想让这种资本主义经营方式长久存续下去。

从海洋中诞生的资本主义经济是历史的产物。天花的流行、弃耕地的大量出现、奴隶贸易的产生等，这些偶然出现的因素以人们无法预知的形式结合在一起。

关于早期犹太人在砂糖生产中心巴巴多斯岛的农场经营，日本学者佐藤唯行在《英国犹太人》一书中指出，"巴巴多斯岛的犹太人作为种植园主或者是商人获得成功之后，就回到伦敦郊外的高品质住宅区里度过余生；而在该岛拥有广泛人脉、富有进取心的'伦敦犹太人'的孩子们，为追求财富和成功，来到该岛长期居住，这已经成为'伦敦犹太人'的一种生活方式"。

据说，在一个种植园中，如果有100名奴隶种植甘蔗，那么每年能够生产出80吨甘蔗，种植园主仅用一年半的时间就能把购买奴隶的成本收回。如此说来，种植园主购买奴隶的资金投入较容易回本，因此必然会促使种植园规模不断扩大、奴隶数量不断增加。

非洲西海岸的达荷美王国（今贝宁共和国）成为奴隶贸易主要的奴隶供给地。加勒比海的特立尼达和多巴哥的第一任总理、历史学家埃里克·威廉斯（1911—1981，在位时间为1962—1981）指出，18世纪上半叶，利物浦港运送奴隶的商船的利润率超过100%。关于商船运送奴隶的数量众说纷纭，但一项研究结果表明，从16世纪至19世纪下半叶之间，约有1250万青壮年奴隶被运送到巴西和加勒比海域国家。种植园从巴西（咖啡豆）、古巴（甘蔗）

到美国南部（棉花），已经连成一体。奴隶制被法律明文禁止，在英国是1833年，在巴西是1888年。殖民地奴隶劳动与贸易是在殖民地发展起来的扭曲的商业资本的产物。

美洲大陆的白银流布世界

波托西银矿改变了亚洲经济

美洲大陆的白银和黄金为亚洲、欧洲经济规模的扩大做出了重大贡献。

从16世纪到18世纪，产自秘鲁和墨西哥的大量白银作为国际贸易的结算手段源源不断地流向欧洲和亚洲。控制了白银产地的西班牙从方便运输的角度考虑在墨西哥铸造了大量银币（这些银币被称为西班牙元或墨西哥元）。10世纪以后，经济规模不断扩大的欧亚大陆深受白银严重短缺的困扰，后来，墨西哥铸币局铸造的"墨西哥元"（又称西班牙元）的流通带动了欧亚大陆广阔区域的经济重新振兴起来。墨西哥元成为英国的英镑、美国的美元等世界货币的前身，作为最早的"世界货币"在欧亚大陆广泛流通，成为国际贸易的结算手段之一。

后文会阐述，墨西哥元在欧洲引发了被称为"价格革命"的长期通货膨胀。德国富格尔家族在15世纪下半叶以后，在欧洲的白银交易中长期处于优势地位；美第奇家族为罗马教皇提供资金，为神圣罗马帝国提供皇帝选举时的购买选票资金。这两大家族在欧洲的政治和经济领域处于优势地位，但是，由于美洲大陆白银的大量流入，富格尔家族的银矿经营走向绝境，导致其在欧洲经济的统治地位走向终结。

墨西哥元成为世界货币

世界处于由美洲大陆的白银连接在一起的时代，始于1544年西班牙人重新开发被印加帝国放弃的波托西银矿。位于高度超过富士山的高原之上的波托西银矿是当时世界最大的银矿之一，矿山都市波托西发展成为与巴黎相比肩的大都市。矿山劳动力是原住民印第安人。

1546年，位于墨西哥的海拔2250米的萨卡特卡斯银矿被人们发现。1552年，从德国传来的混汞法这一精炼白银的技术被利用到萨卡特卡斯银矿的开发上。16世纪下半叶到17世纪，墨西哥的白银产量迅猛增加。

西班牙国王卡洛斯一世（1500—1558，在位时间为1516—1556）基于本国的铸币规则授权在墨西哥铸造了大量银币（墨西哥比索），但是，其发行额从1535年到1903年达到35.5亿元。如此庞大数量的银币致使欧洲经济陷入慢性通货膨胀局面。

在美洲大陆的白银流入欧洲之前，欧洲白银的主产地是波西米亚的圣约阿希姆斯塔尔（今捷克境内），该地区的银矿出产大量的白银，1517年西班牙发行了与当时信用最好的佛罗伦萨的弗洛林金币拥有同等价值的大块银币。当时正好处于银币短缺局面，那种大块银币很快便在整个欧洲市场流通。

如前所述，在美洲大陆铸造出的银币中，大约40%都被西班牙王室收走了，但是，依赖白银的西班牙经济陷入停滞，产自美洲大陆的白银中有一大部分都流到了欧洲，被统治者用于战争雇佣兵的薪水、物资采购费以及为金融机构支付利息等。

在东亚，大量的"墨西哥元"从墨西哥的阿卡普尔科流入马尼拉。东亚广泛流通的货币是铜钱，而"墨西哥元"被人们当作商品按重量进行交易。美洲大陆的银币作为"国际货币"，将世界经济连成一个整体。

大量白银的流入，使欧洲出现了过剩"资本"。因此，欧洲产生了前所未有的经济现象，商人为了寻找有利的投资场所和投资对象，"资本"开始在全世界到处流动。这促使了16世纪至18世纪的"世界经济中心"的转移。

"价格革命"激活了欧洲经济

白银的供给大幅增加

从美洲大陆流入的白银让欧洲经济起死回生。大航海时代以前，欧洲白银的年产量约为3万千克，但是到16世纪下半叶，从美洲大陆流入西班牙的白银实际上每年超过20万千克。并且，美洲大陆的白银是利用印加帝国的强制劳动制度采掘出来的，所以极其便宜。据说，1595年，从美洲大陆运往欧洲的货物中，仅白银一项就占了95%。

由于货币价值的下跌引发长期的通货膨胀，致使物价慢性上涨。在从16世纪到17世纪的100年间，欧洲的银价下跌了三分之二，物价反而上涨了3倍，学者们将这种经济现象称为"价格革命"。这个长达100年的经济增长期在欧洲历史上被称为"长期的16世纪"，但是，依靠基本固定的地租生活的领主阶层的资产受通货膨胀的影响出现持续缩水状况，工商业者不断发展壮大。

进入17世纪以后，意大利信用最好的投资对象就是热那亚长期国债，但是它的利率长期处于1%的低水平上，这是因为持续衰退的西班牙和意大利已经找不到生财的门路了。即使从美洲大陆流入大量白银，但是可赢利的领域非常有限，人们只好将白银作为储蓄资产或者用其购买不动产。通货紧缩状态持续存在，经济长期低迷。

　　大量"资本"从深受经济不景气困扰的意大利各都市流向呈现一派繁荣景象的北海周边的荷兰和英国。资金流向有利可图的地方，这是经济和历史的规律。欧洲的商业主导地区从意大利北部依次转移到香槟集市（法国香槟伯爵领地上的集市贸易中心，14世纪走向衰退）、布尔日（法国中部城市，15世纪走向衰退）、安特卫普（荷兰城市）。

"商业革命"和安特卫普的兴盛

　　商人用美洲大陆的白银购买的印度、东南亚、中国的物产，并不是运到意大利各都市，而是运到经济快速增长的低海拔区域——尼德兰的安特卫普，与英格兰和尼德兰的毛织品、波罗的海的粮食作物、法国的红酒等展开交易。欧洲的经济中心从意大利半岛转移到了尼德兰，这就是世界经济史上的"商业革命"。

　　"资本"随之向北转移，人的移动也随之北上。在第二次大流散中被西班牙、葡萄牙驱逐出境的犹太人也纷纷迁往安特卫普并定居下来。威尼斯共和国驻尼德兰的大使不无羡慕地向本国报告安特卫普的盛况，每天都有几百艘的商船往来穿梭，每周都有2000多辆装满货物的马车从各地驶来。

　　美洲大陆的白银、亚洲的胡椒等各种物产源源不断地流入，使得安特卫普有别于意大利各都市，欧洲各地的商人云集于此，很快就发展成为极具商业特色的经济都市。在14世纪仅有5000人左右的安特卫普，到16世纪中叶由于欧洲各地商人的流入，人口超过了10万人。安特卫普不仅货物交易非常活跃，有价证券的交易也开始活跃起来。此前，欧洲各都市的外汇市场每年只举办四次左右的交易活动，但是安特卫普于1531年开设了全年都可进行交易的有价证券交易所。

掌控着西班牙财政的富格尔家族，控制着里斯本与非洲、美洲大陆、亚洲的贸易的韦尔瑟家族等，纷纷在安特卫普展开投资，西班牙和意大利的银行家也都在安特卫普开设分行，各国的国王也都向安特卫普派驻财务官员。据说，安特卫普的有价证券交易所打出了非常响亮的口号"为来自一切国家、说一切语言的商人提供服务"。

交易所不仅开展"背书""贴现"等票据交易，还成了债务证书等有价证券、公债等的债券交易的场所。作为王室金融代理人负责管理英国王室的海外负债的托马斯·格雷欣（1519—1579，因提出"劣币驱逐良币"的格雷欣法则而闻名于世）在16世纪中叶仿照安特卫普的有价证券交易所，在伦敦设立了皇家证券交易所，信用经济从安特卫普拓展到伦敦。

1568年，荷兰独立战争（1568—1648）爆发，西班牙财政出现危机，就连士兵的军饷都无法兑现。安特卫普先后于1575年和1585年两度遭受西班牙军队的疯狂掠夺，再加上斯海尔德河的河口遭到西班牙军队的封锁，处于该河中游的安特卫普急剧衰退。欧洲的经济中心转移至荷兰的阿姆斯特丹，最终转移到英国的伦敦。

明朝商人通过贸易赚取海外的白银

美洲大陆的白银经由马尼拉大量流入东亚，马尼拉是横穿太平洋的西班牙人在东亚建立的据点。与葡萄牙向东绕行与亚洲开展贸易赚取利益相反，西班牙除了来自美洲大陆的交易品"白银"之外再无其他物品，因此，就将目光盯上了位于太平洋尽头的东亚。当时，美洲大陆的白银价格仅为亚洲白银的三分之一，西班牙对于在亚洲大赚特赚满怀期望。于是，产自美洲大陆的白银中大约有三分之一源源不断地流向东亚，最终流入盛产丝绸和瓷器的明朝。

在此之前，明朝对于大规模开展的海外贸易采取一律禁止的政策（海禁政策），取而代之的是勘合贸易这种具有政治意义的朝贡贸易。商人们遵从着朝廷的方针，但是，海外贸易对于商人来说仍充满着无法抵御的诱惑。到了明朝走向衰退的16世纪，在福建、广东的沿海地带，商人的贸易日益兴盛。成为明朝商人的贸易对象的是日本博多（位于福冈地区）、堺（今大阪一带）等地的商人。当时的日本，生丝、棉布等纺织业的原料严重依赖进口，每十年才开展一次的勘合贸易无论如何也无法满足日本的需求。在这一过程中，日本发现了石见银矿，状况大为改观。

1533年，博多的富商神屋寿贞（生卒年不详）乘船航行在石见附近的海域，利用新的精炼技术，对当时已经成为废矿的银峰山（后来改名为大森银矿）进行再度开发，取得了成功。受到此事的影响，位于但马（今日本兵库县一带）的生野银矿也被开发出来。16世纪的日本是产银大国，当时年产白银大约200吨，约占世界总产量的三分之一。明朝的商人为了得到白银，不断扩大与博多、堺等地的贸易。正好在那个时期，葡萄牙商人来到了日本。1541年，葡萄牙商船漂流到丰后（今日本大分县一带）的神宫浦一带。

1511年，葡萄牙人征服了位于马六甲海峡最狭窄之处的马六甲王国，他们装扮成马六甲王国的使节与明朝开展勘合贸易，被明朝官员识破，其贸易要求遭到拒绝而且被从广州赶出，他们只好加入明朝商人与博多商人的贸易中来。堺地的商人经由琉球与明朝商人开展贸易时，将鹿儿岛作为贸易的中转港，1549年，圣方济各·沙勿略（1506—1552）曾到此传教。

1571年，西班牙人莱加斯皮（1502—1572）开始在菲律宾马尼拉建设国际贸易港，众多福建商人集结于此，明朝的丝织品、瓷器、工艺品和美洲大陆的白银相交换的贸易得到迅猛发展。

马尼拉与欧洲的"大帆船贸易"也得到迅速发展，每年都定期从太平洋沿岸的墨西哥阿卡普尔科港运来大量白银（约25吨至30吨），马尼拉作为"东亚的安特卫普"成为欧亚两大洲贸易的中转港，促进了欧洲经济与亚洲经济的发展。美洲大陆大量的白银与明朝的物产相交换的贸易活动，明朝统治者屡禁不止，最终，明朝统治者做出让步，允许特定港口的商人前往马尼拉开展对外贸易。

墨西哥元是东亚银元的鼻祖

明朝末年，大量白银流入。但是，明朝的通行货币是铜钱。因此，流入的大量白银被朝廷作为征税手段纳入征税体系之中，开展对外贸易的商人就此便可以赚取巨额财富。明朝末年推行了用白银收税的一条鞭法。

农民要从商人那里买来白银交税，所以手握白银的商人每到征税之时就可以大赚一笔。对于官府来说，用白银收税要比用铜钱收税便利得多，所以，清朝将"地丁银"继承下来。总之，大航海时代以后的明朝和清朝都采用世界货币"白银"作为纳税的手段。官员和手握白银的商人形成了一种双赢关系。

如果白银价格急剧上涨，农民的生活将遭受致命打击。英国对大清帝国的鸦片贸易导致大量白银从中国流失。19世纪30年代，作为鸦片货款的白银出现大量流失，白银的价格翻番，致使大清帝国的统治体系出现危机。

话又说回来。据说，根据1602年墨西哥的统计，约有500万比索的白银流向亚洲，其中大约300万比索是波托西银矿出产的白银。顺便提一下，波托西银矿每年出产的白银大约为690万比索，其中的43%都作为货款流向了马尼拉。

福建商人不惜触犯明朝的海禁政策远渡马尼拉，用丝绸和瓷器等与墨西哥元相交换。美洲大陆的银价仅为亚洲银价的三分之一，这对于双方来说都是利润丰厚的生意。

被商人装运到西班牙大帆船里的明朝物产，乘着黑潮（日本暖流）经日本沿海北上，从三陆湾乘偏西风返回墨西哥的阿卡普尔科，从古巴的哈瓦那港经西班牙商人之手渡过大西洋运到欧洲。由此来看，明朝就是美洲大陆大量白银的终点站。

铜钱短缺的明朝逐渐允许银块流通。

流入明朝的墨西哥元，人们根据其外形称为"银圆""墨圆"，由此，就出现了日本的"円"（日元）、中国的元。

第6章 资本主义经济确立时期三大著名泡沫事件

北欧商业的兴起

资本主义体系"从诞生之日起就具有世界性"

17世纪以后,大西洋才真正地被人们开发利用。在其中扮演主角的就是维京人的后裔,也就是荷兰和英国的商人。世界史的主导力量从政教合一的国家西班牙和葡萄牙的贵族、商人转变成荷兰和英国的富有冒险精神、敢打敢拼的商人。

17世纪的前30年,从美洲大陆由西班牙运出的黄金和白银数量锐减,对美洲大陆白银形成严重依赖的西班牙帝国走向衰亡。从1618年到1648年的哈布斯堡帝国与新教国家的30年战争的巨额军费投入,加速了西班牙帝国衰败的进程。在短时间内,西班牙等哈布斯堡帝国的霸权和热那亚等意大利都市的经济霸权都分崩离析。

在这个过程中,经济增长的中心开始转向欧洲"边境"的高纬度地带。气候寒冷、粮食短缺的北海周边的荷兰、英国,最大限度地利用了新的"世界观"——历史是由人创造的。深受"气候寒冷和粮食短缺"困扰的荷兰和英国却站在了"欧洲海洋经济"的最前线。

波罗的海南岸属于农业地带,而地中海沿岸地带由于气候干旱导致粮食作物"十年九不收",这两个地带之间非常活跃的粮食作物贸易促使欧洲的经济发展方式发生了重大转变。波罗的海既变成了欧洲的经济中心,也变成了荷兰的商业中心。荷兰和英国站在欧洲区域内部贸易的延长线上,大力推进"海洋资本主义"的发展。

从世界史的视角对这一世界经济的重大变化展开论述的理论,是提出"世界体系"理论的美国经济学家伊曼纽尔·沃勒斯坦。他将资本主义定义为"以利润最大化为目标,面向市场开展生产活动"。关于在欧洲形成的资本主义体系，他指出，"作为历史体系的资本主义，从广义来看是16世纪出现的'世界经济'。资本主义从其产生的那一刻开始就已经形成了世界体系。可以将其称为'资本主义世界经济'。世界经济是通过'世界市场'进行交换，资本主义从最初开始就具有世界性"。

可以认为，资本主义是以海洋商业为基础的经济体系，通过海洋商业扩展到全世界。资本主义不可能在此前的"内陆型"的世界帝国框架内成立，资本主义的海洋商业从最初之日起就是在世界的基础上成立的。海洋商业本身就具有世界性。

宗教改革和被解放的商业头脑

欧洲史的特色与亚洲史迥然不同，它是在威斯特伐利亚体系之下各中小主权国家之间反复发生战争和经济竞争的过程中，依靠"势力均衡"来维持秩序的。

互相竞争的欧洲国家以"富国强兵"为目标，谋求在世界市场推行重商主义政策以及通过扩大殖民地实现经济扩张。

17世纪，从美洲大陆流入的白银不断减少，再加上地球变得越发寒冷，欧洲进入经济的萎缩期，史称"危机时代"。在这一时期，将"危机"看作"转机"、在海洋世界扩大势力范围的国家是荷兰和英国。其目的就是通过商业活动弥补由于经济环境恶化造成的损失。

当时的北欧掀起了轰轰烈烈的宗教改革运动。主要代表人物加尔文（1509—1564）提出了"救赎预定论"（人的得救与否由上帝决定）、"新伦理观"（重视勤劳、禁欲和财富积累），引发了人们的意识革命。荷兰、英国联合起来，与西班牙展开了旷日持久的战争，结果大大增强了荷兰和英国商人的实力。这两个国家都具有很

强的危机意识和改造社会的热情，因此能将民众的能量充分调动
起来。

16世纪上半叶，深受文艺复兴风潮的熏染，出身豪门的教皇利
奥十世（1475—1521，在位时间为1513—1521）执意要对圣彼得大
教堂进行豪华改造。

但是，奥斯曼帝国正在向地中海一带大举扩张，意大利各都市
的财政状况日益恶化。因此，教皇采用向为教会捐款的德国人发放
赎罪券的办法筹集改造教堂所需的巨款。

奥格斯堡（位于德国南部）的豪门富格尔家族承包了赎罪券的
发售业务。虽然说赎罪券的销售非常成功，在很短的时间内便售
罄，但德国人纷纷表示不再相信天主教。

1517年，神学家马丁·路德（1483—1546）在拉丁语的墙报上
发表了"95条论纲"，严厉批评了教皇的上述行为。路德公开表达
了与罗马教廷相对立的鲜明态度，不仅反对赎罪券，最终对教皇都
表示否认。

随着事态的进展，路德创立了新教，致使天主教走向分裂。这
就是发生在欧洲的"宗教改革"。

经过这场宗教改革，以教皇为核心、自上而下的纵向社会开始
瓦解，商人、匠人等平民变成了"自立的经济主体"。

但是，当时的社会还没有摆脱封建思想的束缚，路德基于当时
蔑视放贷的风潮，提出了"犹太人的财富是通过高利贷手段掠夺来
的，放高利贷的人无疑就是强盗"的主张，导致一些犹太人遭到
迫害。

法国的宗教改革家加尔文提出了与路德相反的主张。他认为，
在将"利息"限定在5%以内这一条件下的"放贷"应该得到允许，
让货币增殖，作为"资本"来使用。加尔文提出"应该鼓励经商"

的主张，成为后来的德国社会学家马克斯·韦伯（1864—1920）所提倡的"资本主义的伦理精神"。时间让"钱"（资本）增殖、"时间就是金钱"的观念很快便传播到荷兰、英国乃至美洲大陆。对此，经济史学家桑巴特认为，资本主义的发展与人的欲望密不可分。

荷兰的崛起及郁金香泡沫造成的打击

荷兰成为海运强国

如今，荷兰是一个约有1700万人口（约占日本人口的13.5%）的国家。但是，荷兰也曾在世界史中占有重要地位。曾经是西班牙哈布斯堡王朝殖民地的荷兰，在与西班牙之间断断续续持续了80年的荷兰独立战争（1568—1648）打得最激烈的时期，荷兰的经济取得了迅猛的发展。为筹集战争经费，荷兰发行了巨额国债，致使荷兰的财政规模迅速膨胀，也给商人们提供了非常好的投资对象。

荷兰利用葡萄牙、西班牙历尽艰难开辟出的航线，以海运赚取巨额利润，大力吸纳因地中海商业的低迷、西班牙经济的恶化难以摆脱通货紧缩的意大利各都市的"资本"。

对荷兰商人走向海洋发挥了重大助推作用的，是在"第二次大流散"中从西班牙、葡萄牙迁徙出来的犹太人等。这些人即使是在荷兰独立战争打得最激烈的时刻，为了赚钱，仍然不顾一切地为西班牙采购军需物资。众所周知，荷兰东印度公司通过采取政教分离的策略垄断了与推行"锁国"政策的日本的贸易。

令人难以置信的是，促使荷兰商业资本走上快车道的竟然是看似很不起眼的"咸鲱鱼干"。"咸鲱鱼干"本来是波罗的海汉萨都市吕贝克的地方特产。基督教在复活节之前的40天（四旬节）举行大斋节，所以，这些咸鲱鱼干大多在欧洲销售。

荷兰商人通常每天要派出600至800艘渔船前往北海，用流网捕捞大量的鲱鱼，直接在船上用盐腌制，做成桶装罐头，批量生产、批量销售。正如阿姆斯特丹的商人所说的那样，"阿姆斯特丹是用鲱鱼的骨头堆起来的"，仅此一项业务就给荷兰带来了相当于英国的羊毛和毛织品工业加在一起的收入。

但是，冬季的北海波涛汹涌、海况恶劣，渔船会受到严重损伤，所以，利用风车和起重机等制造廉价船舶的造船业得到快速发展。造船的工序经过不断改良，在荷兰，仅用英国一半左右的成本就可以造出与英国船舶媲美的船只，荷兰发展成为欧洲首屈一指的海运国家。关于荷兰造船业的发展状况，日本评论家冈崎久彦（1930—2014）在其著作《繁荣与衰退——在荷兰史中就能看到日本史》中，做了如下阐述：

> 1634年，荷兰拥有船舶34850艘。其中，20000艘用于四通八达的内河航运，6000艘在波罗的海一带开展贸易活动，2500艘前往北海，1000艘用于莱茵河和默兹河的航运，与英国和法国等开展贸易的船舶有1500艘，与西班牙、非洲北岸、地中海开展的贸易有800艘，与非洲、巴西、东西印度有300艘，与俄国、格陵兰岛有250艘，其余的2500艘被用于各个方面。荷兰不愧是一手撑起欧洲海运的强大海运帝国。

荷兰人通过捕捞鲱鱼在波涛汹涌的大海上练就了娴熟的驾船本领，即使是被人们认为无法航行的北极圈、南半球波涛汹涌的海域，他们也积极地开辟出航线。

荷兰在亚洲的海洋网络

荷兰的海员在绕过非洲最南端的好望角之后，凭借在波涛汹涌的北海练就的卓越驾船技术，直接冲进被称为"咆哮四十度"的风狂浪大的偏西风海域（南纬40度至50度之间的海域），从阿姆斯特丹岛北上直航到达爪哇岛的巴达维亚（雅加达被荷兰占领时期的称呼），这条"波涛轰鸣的四十度"航线就这样被荷兰船员开发出来。此前开辟了亚洲航线的葡萄牙船员因为对"咆哮四十度"的海域深感恐惧，只好避开这一海域转而北上，开辟了到达东南亚的航线，但荷兰人开辟出的航线要比其大大缩短。

荷兰人于1600年航行到达日本，1602年设立东印度公司，1619年在爪哇岛的巴达维亚构建据点，垄断了东印度群岛的香辛料贸易。1517年，荷兰获得在明朝澳门的居留权，然后大力推进巴达维亚、长崎、澳门之间的三角贸易，取得了远超葡萄牙的优势地位。

在美洲大陆，荷兰商人控制了葡萄牙在巴西生产的砂糖的流通。荷兰商人大量收购粗糖，运到阿姆斯特丹精制，然后在欧洲各地销售。

1580年，葡萄牙的王室无以为继，葡萄牙被西班牙吞并，巴西被西班牙占领，荷兰商人将砂糖的生产基地转移到加勒比海，并且开始在东南亚的爪哇岛种植甘蔗。

在加勒比海域，犹太人教会英国人甘蔗的种植方法以及甘蔗农场的经营方法，荷兰商人控制了甘蔗的流通，他们把加勒比海变成了甘蔗的重要生产基地。

荷兰商人依据"公海"理论抵制西班牙对海洋的垄断

大航海时代以后，海洋一度被西班牙和葡萄牙这两个国家垄断（大西洋根据1494年签署的《托尔德西里亚斯条约》，亚洲的海洋根据1529年签署的《萨拉戈萨条约》)。

荷兰商人无论如何也必须打破西班牙和葡萄牙筑起的"海洋壁垒"。但是，荷兰与这两国相比在军事上处于劣势，所以，不得不拿起法律武器，试图通过普及罗马法的"公海"理念与两国对抗。荷兰的法学家胡果·格劳秀斯（1583—1645）提出，海洋是人类的共有财产，不应该被垄断。随着罗马法的"公海航行自由"的理念被越来越多的人接受，葡萄牙和西班牙的海洋垄断被打破，为海洋资本主义的迅猛发展创造了条件。

荷兰率先打破了葡萄牙、西班牙的海洋垄断，将种植园、股份公司等"海洋经济体系"传给了英国。

阿姆斯特丹成为海洋商业的新中心

安特卫普曾是欧洲经济乃至海洋经济的中心，但1568年爆发并持续80年之久的荷兰独立战争，成了安特卫普走向衰退的重要原因，大批商人迁往阿姆斯特丹，运河之城阿姆斯特丹很快发展成为欧洲经济新的中心。

阿姆斯特丹本来是个贫困的小渔村，居民中的大多数都是不断迁徙而来的外国商人。由于荷兰积极吸纳来自欧洲各地的移民，阿姆斯特丹的网络迅速拓展到欧洲各地，荷兰经济的影响力不断增大。阿姆斯特丹对宗教也持包容的态度，所以，在宗教改革的时代，各种宗教移民都向阿姆斯特丹聚集。到了16世纪中叶，阿姆斯特丹出口商品的九成都是由外来商人完成的。阿姆斯特丹的常住人口在1650年达到了15万人。

在"第二次大流散"中遭受西班牙、葡萄牙驱逐的犹太人也纷纷迁往经济都市阿姆斯特丹。据说，到17世纪初，居住在阿姆斯特丹的犹太人约有1万人，占阿姆斯特丹总人口的6%~7%。阿姆斯特丹汇聚了各种各样的经济信息，通过商人的流动传播到各地。15世纪，黄金首饰匠人、印刷行业从业者约翰·古腾堡（1398—1468）改良了活版印刷术，到17世纪，活版印刷业已经成为荷兰的重要产业，欧洲的商业信息、荷兰绘制的地图和航海图传遍欧洲。

1611年，阿姆斯特丹有价证券交易所挂牌成立。交易品种除了粮食作物、毛织品、亚洲的香辛料，还有为筹集宗教战争的经费而发行的国债、荷兰东印度公司发行的股票等。

让信贷业务和有价证券交易在阿姆斯特丹落地生根的是犹太商人。因为当时投资对象很有限，国债成为人们的投资首选，汇聚了各个阶层的投资者。

贸易结算在阿姆斯特丹银行顺利开展

在阿姆斯特丹的有价证券交易所，欧洲各地的商人们带着本国发行的金币、银币来此开展交易，货币的兑换成为非常繁重的一项业务。在1606年阿姆斯特丹议会发行的《货币兑换手册》中，记录着341种银币、505种金币，由此可知货币兑换的业务有多么繁杂。交易所大力开展筹资业务，以时价的八折为限的借款（意思是按当时的价格借入80元，到期时还款100元）信用交易得到认可。

17世纪，为了顺利开展资金交易，北欧首家国立银行阿姆斯特丹银行成立（1609年）。银行内的账户转账可以用来开展贸易结算。存在银行里的货币在加上几个点的溢价的基础上，就可以改称"银行盾"（因此，荷兰的货币名称曾为"盾"），这样就可以省掉了繁杂的兑换手续直接转入另一个账户里。此前，威尼斯已经出现了不办理现金业务，只是办理汇票的结算、账户之间的资金转移等业务的银行，在阿姆斯特丹也出现了同样的银行。在同一家银行，个人的账户透支、汇票的贴现是被禁止的。

　　阿姆斯特丹银行的存款得到了市政府的担保，存款人只要支付少许的账户手续费就可以办理汇票结算。人们发现，在贸易结算时，不使用金币、银币的账户交易非常方便。后来，该行与欧洲几乎所有的主要都市之间都开展了汇票交易，这项交易的存款余额增加了16倍。在这里，货币只是一个记号，使非常繁杂的业务变得方便，各地的银行纷纷仿效。英国在当时还是债务国，公债的发行必须依赖阿姆斯特丹的"资本"。另外，1651年阿姆斯特丹银行开设的账户中，有10.5%的账户户主都是犹太商人。

荷兰东印度公司股息超高的理由

　　商业资本与殖民地的经营密不可分。1602年，荷兰的十余家以东印度贸易为业务重点的公司联合组建东印度公司。荷兰开始走上国家参与经营的商业资本发展之路。

　　荷兰东印度公司是世界上第一家股份制公司，在该公司刚设立的时代，由少数商人共同出资在一定期间开展合作已经是很普遍的事情，该公司在设立时就被寄予"永续长存"希望，可以说是由大商人控制的小国的具有象征意义的存在。

　　荷兰东印度公司是为了防止商人之间的过度竞争，在荷兰政府的撮合之下，作为荷兰各州的商业同盟而创设的。由219名大商人共同出资设立的有限责任公司具有两个主要特征，一是股东承担有限责任；二是经营上具有持续性。可以说是将商业资本企业化运营。

　　荷兰东印度公司的"股票"可以用于投资者之间的自由交易，所以成为稳定的投资对象，股票的买卖成为商业资本的一种常见形式。

公司为了应对频繁发生的海难事故的风险，让出资人承担有限责任，用高额的股息（年均18%）弥补海难事故的风险。东印度公司的股票在阿姆斯特丹有价证券交易所进行交易，但在此后的很长时间里，它都是世界上唯一被买卖的"股票"。而伦敦证券交易所于1698年设立并开展股票交易业务，大约是80年以后的事情了。

筹集了英国东印度公司10倍的"资本"的荷兰东印度公司，获得了从好望角到麦哲伦海峡这片广阔海域的贸易、殖民、军事的垄断权，被赋予"开展战争、缔结协定、占领土地、修筑要塞"等权限，确保其可以获取巨大利益。与此前葡萄牙、西班牙的对外贸易每年派出数艘船舶到印度、美洲大陆相比，海运大国荷兰派出比其多出数倍乃至数十倍的船舶，通过东亚贸易获取巨大利润。

正因为如此，与荷兰东印度公司对投资者约定的3.5%的股息相比，1606年的股息达到75%。因为股息太高，投资者蜂拥而至。公司的股价在巅峰时期达到交易初值的12倍。从1602年到1696年公司为股东发放的股息年均超过20%，有些年份超过了50%，的确令人吃惊。

在1669年公司发展的巅峰时期，荷兰东印度公司发展成为拥有40艘战舰、150艘商船、1万名军人的股份公司。阿姆斯特丹银行是荷兰东印度公司的最大客户，荷兰东印度公司的大规模投资也为阿姆斯特丹银行带来了巨额利润。

郁金香泡沫的起因

在莎士比亚（1564—1616）的《威尼斯商人》中登场的犹太人夏洛克是高利贷者的典型形象。但是，从美洲大陆流入的大量白银导致了长期的通货膨胀，出现了人们不能眼睁睁地看着手中的资产不断贬值、不得不开展投资的局面。但是，当时荷兰正处于货币量不断增加而投资对象少得可怜的不均衡状态。

英国经济学家凯恩斯（1883—1946）将"投资"和"投机"区别开来，前者是指投资者对资产的整个投资期间的收益做出预测之后采取的经济活动；后者是指市场参与者根据心理因素进行预测的行为，但实际上来看，两者很难区分。如果人们没有找到可以获得稳定收益的投资对象，他们一旦将货币用于投机，泡沫就会出现。近代以来的经济或许可以表述为，人们手中的钱如果太多了，就会引发泡沫，而泡沫必将走向破灭，这一经济循环的过程反复出现。

在国土面积较小的荷兰，战争早就结束了，荷兰不再需要为战争筹集资金了，从美洲大陆流入的白银不断减少，国内陷入通货紧缩状态，无处可去的"资金"只好对郁金香的球根开展投机，这就引发了世界上最早的经济泡沫——郁金香泡沫。

17世纪，本来在地中海东部野生的郁金香开始被移栽到庭院，被欧洲人们当作"宫廷之花"，深受人们喜爱。在荷兰，人们通过进口各种球根并进行品种改良，培育出超过2000种的形形色色的郁金香。稀有的球根被人们开出了很高的价钱，并逐渐成为人们的投机对象。

从1634年到1637年，经过平民们不断加价，"钱"源源不断地流入郁金香交易市场，泡沫开始变大。后来，交易市场采用了投标制，球根的价格像变戏法一样不断往上涨。只要让球根"滚动"就可以赚到钱，再也没有比这更让人愉快的事情了。

但是，人们只有在损失发生后才意识到风险的存在。随着交易的不断扩大，"花一定的价钱拿到球根的权利"的买卖（期权交易）也开始了，越来越多的人开始以房子和家产作抵押借到投资（投机）的本钱。泡沫不断地膨胀。

例如，由于寄生在蚜虫身上的病毒的传染发生突然变异，被称为"残缺的郁金香"的有斑纹的郁金香球根，据说每株竟然卖出3000荷兰盾的高价。一株名为"永远的奥古斯都"的郁金香售价高达6700荷兰盾，这笔钱在当时足以买下阿姆斯特丹运河边的一幢豪宅。当时，荷兰的人均年收入只有150荷兰盾。

1637年2月，已经持续上涨到如此高水平的郁金香突然开始大幅降价。这是因为善于随机应变的人抽身而出。于是，对于价格暴跌的恐惧不断升级，大批的人们狼狈撤出，短短几天时间球根的价格暴跌到1%的水平。由于有些球根采取了期权交易的方式，对于价格暴跌的球根是否按原定价格取走的纷争不断发生，政府不得不出台法律对郁金香的交易进行管控，但这进一步加剧了泡沫的破灭。

郁金香泡沫的发生绝非偶然。荷兰经济在1670年前后陷入慢性通货紧缩之中，利率持续下调。正是在这样的背景下，"荷兰的资金"开始流向具有很大发展空间的英国。直到18世纪70年代从西印度群岛开始的金融危机爆发，阿姆斯特丹的资金量远远超过伦敦，促进了欧洲的经济发展。

商人银行和英国商业的腾飞

英国并非制造业强国

由维京商人的后裔建立的英国，通过连续战胜在美洲大陆获取了广阔殖民地的西班牙、控制了欧洲海运的荷兰、欧洲的军事大国法国之后，终于登上了欧洲霸主的宝座，在上述过程中为了筹集巨额军费，不断发行国债，经常处于财政难以为继的状态。但是，在历经商业革命、金融改革以及第一次产业革命等诸多重大变革之后，英国成功地成为世界强国。

第一次产业革命给人们留下很深的印象，许多人会认为英国是制造业强国，但实际上它是商业强国。英国通过在美洲大陆以及印度拓展殖民地范围，确立了"商业大国"的地位。由于贸易快速发展，"结算"技术必须跟上步伐，这样一来，英国的金融领域也快速发展。

在光荣革命之后，大批犹太商人从荷兰迁往英国，票据的承兑、证券的发行、贷款的发放、设备的租赁等业务明显增多，结算方法也变得多种多样。商人们纷纷转向金融领域，以"商人银行"为中心，伦敦的金融城迅速具备了开展各种国际金融业务的条件。现在的国际商业和国际金融体系是以伦敦城为中心发展起来的，这样说一点也不为过。

通过扩充海军掌握了大西洋的制海权的英国开始从军事和经济两个方面主导"海洋经济"的发展。人们常说"因为自己国家的饭菜太难吃，所以英国人才走向世界"，但寒冷的北海周边不适合种植粮食作物，这才不得不依赖商业和金融，英国和荷兰都是如此。

为了与商业和金融形成相辅相成的局面，英国依靠海军控制了海洋，荷兰创造出了新的经济体系，都与寒冷的自然环境所带来的"贫穷"有关系。

"日不落帝国"出现财政危机

英国的王室和贵族纵容私掠船袭击西班牙装运白银的商船。私掠船是既灵巧又结实的快船。身为航海探险家的弗朗西斯·德雷克（1540—1596）环球航行取得成功，率领私掠船袭击西班牙的港口和商船获得无数战利品，伊丽莎白一世（1533—1603，在位时间为

1558—1603）为此特别授予他勋爵的爵位。

反复遭到海盗行为打击的西班牙为了压制英国的嚣张气焰，1588年，西班牙派出由130艘战舰、1万名乘组人员、1.9万名陆军组成的"无敌舰队"远征多佛海峡，但在强大的英国海军面前吃了败仗，大西洋的海上霸权由此被英国掌握。

西班牙遭受此次惨败的原因表现在多个方面。除了气候条件对西班牙明显不利，财政运营的失败导致舰队的后勤补充严重迟滞也是非常重要的原因。西班牙由于如下四个方面的主要原因，经济开始走向停滞：一是从美洲大陆流入西班牙的大量白银由于荷兰独立战争等不断外流；二是将拥有卓越经商能力的犹太人赶出西班牙；三是自美洲大陆大量流入的白银导致通货膨胀加剧和西班牙产业衰退；四是西班牙统治者推行了每次交易都要被征收消费税的税收制度，致使商业严重萎缩。由于经济停滞和财政困难，到16世纪末，西班牙海军的实力明显衰弱。

与西班牙形成鲜明对照的是，英国在文化领域也正处于大发展的时期。当时涌现出一批杰出人物，如剧作家莎士比亚，哲学家、思想家培根（1561—1626）等。

克伦威尔的激情被海洋商业点燃

构建了大不列颠体制的奥利弗·克伦威尔（1599—1658）为英国经济的发展奠定了基础。

克伦威尔曾被推上"主席行政官兼治安官"，也就是"护国公"的位置，成为大权独揽的独裁者，对于议会请他出任国王的请求，他以违反"复古大义"为理由，坚辞不受。

克伦威尔派军征服了苏格兰和爱尔兰，巩固了联合王国的基础，还出兵海外征服了牙买加岛，稳固了帝国的基础。1651年，将制定了《航海法》并通过中转贸易获取利益的荷兰商船从英国及英国殖民地驱逐出去，给予荷兰重创。可见，克伦威尔采取了赤裸裸的"英格兰至上"的政策。

1657年，克伦威尔考虑到要想实现他制定的试图控制西半球的《西方计划》离不开犹太人充足的"资金"和庞大的"网络"，他特许13世纪末以后被禁止入境的犹太人来英国定居。活跃在加勒比海一带的英国商人也希望在同一海域构建了网络、拥有丰富的信息和知识的犹太人入住英国。

在这一时期，从葡萄牙移居荷兰并在钻石贸易及黄金白银的交易中获得巨大成功的犹太富豪摩西·莫卡塔（？—1693）移居英国。莫卡塔家族最初从事白银交易，到18世纪上半叶，被任命为英格兰银行与海外金块交易的首席经纪人。

到了19世纪，莫卡塔家族发展成为莫卡塔黄金商会，与伦敦的罗斯柴尔德银行等一同跻身五大金块银行（以办理金块交易为主要业务的银行）之列。

英荷战争的起因

克伦威尔以国旗遭到荷兰人侮辱为借口发动了英荷战争（1652—1654、1665—1667、1672—1674），在他死后战争依然断断续续地持续了多年，最终英国击败荷兰，夺取了欧洲霸权。如前所述，荷兰商人贯彻经济优先的原则，一边尽量避免与英国的直接对决，一边把英国当作投资对象加以利用。

在霸权向英国的过渡期，荷兰商人将资本的利益放在首位，反对政府推行的保护关税政策，反对军事费用的增加，同时也反对对于商业的利润、利息征税，主张用针对生活必需品征收的消费税来维持国家财政运行。结果，荷兰的两极分化不断加剧，产业发展陷入停滞。后来，荷兰在军事方面被英国远远超过。

荷兰商人在英荷战争结束后，将资本转移到能够获取更多利润的英国，大量荷兰资本的流入，对英国的经济增长起到了非常大的助推作用。

于1602年创设的英国东印度公司，对于公司的运作模式做出明确规定：由敢于冒险的商人共同出资，以投机性的商业活动作为投资对象，在每次航海之前募集投资，航海结束之后分配利润，之后宣布公司解散。所以，公司从设立当初就没有长久存在下去的打算。1657年，克伦威尔以荷兰东印度公司为范本，将股份公司这一模式引入英国，将英国东印度公司改组为股份公司，股票面向社会公开发行。英国东印度公司在刚设立时，试图通过控制印度尼西亚的香辛料贸易，以达到排挤荷兰的目的，但是1623年英国设在摩鹿加群岛的安汶岛上的商馆遭到荷兰人袭击，商馆人员均被杀害。经此安汶岛惨案之后，英国东印度公司将控制目标改为印度。17世纪80年代，英国东印度公司的股息年均高达45%。

在大西洋，英国东印度公司将加勒比海的砂糖贸易、非洲的奴隶贸易、英国本土的毛织品贸易组合在一起，形成了大西洋三角贸易，公司因此获取了巨额利润。

17世纪下半叶，伦敦港的贸易额（进出口合计）大约达到了17世纪初的3倍。但是，英国东印度公司发行股票的四分之一以上都归8名个人股东持有，公司的经营权也掌握在这几个人手中。到了18世纪中叶，英国东印度公司历经1757年6月的普拉西战役，获得了巨大利益。当时，英国东印度公司的职员如果在印度工作，就可以得到相当于在英国工作的10倍乃至20倍的收入。

保险业在海洋商业的发展中走向独立

17世纪下半叶，英国取代荷兰掌握了海洋霸权，泰晤士河每天都有许多帆船往来穿梭，伦敦成为海洋经济的中心。

处于成长时期的伦敦，伴随海难事故的多发，如何应对风险成为重大课题。为了应对海运固有的风险，保险业不断发展壮大。船舶受损时要通过"船舶保险"理赔；货物受损时要通过"货物保险"理赔，将两者综合在一起的"海上保险"被越来越多的人接受。保险从业者从贸易商那里收集保险金，如果没发生事故就将其作为自己的利润，当有事故发生时就支付赔偿金。

伊丽莎白一世（1533—1603）时期，海上保险开始接到一些零星的业务。在17世纪下半叶到18世纪，劳埃德保险公司诞生了。保险业也是从海洋商业中派生出来的。

也许会有人感到意外，关于保险为什么要从咖啡馆谈起。1650年，一位名叫雅各布的犹太人在牛津大学附近开设了英国第一家咖啡馆，此后，咖啡馆在英国遍地开花。到17世纪末，仅伦敦就有3000多家咖啡馆。

劳埃德保险公司位于伦敦，它是世界屈指可数的实行个人会员制的海运保险行业集团。这一切都要从1686年说起，爱德华·劳埃德（约1648—1713）在伦敦港附近开设了一家面向船员24小时营业的劳埃德咖啡馆。由于船舶的入港时间不确定，咖啡馆即使在晚上也照常营业，船员、商人、金融从业者等聚集在那里交流各种信息以及洽谈保险金等事宜。

当时航海事故频发，为了规避风险，保险不可或缺。到了1696年以后，为了客户方便，汇集了船舶航线信息、出入港信息、船舶的买卖与建造状况以及有关经济信息等的《劳埃德船舶日报》公开发行。这是咖啡馆推出的最受客户欢迎的一项服务。

1713年，劳埃德去世，《劳埃德船舶日报》被接任的店主坚持下来，离开咖啡馆承揽保险业务的人们决定结成名为"劳埃德"的保险行业组织。由于英国在世界各地设有商务交易据点，世界各地的航海信息于是汇集伦敦，从而对于航海的事故概率的预测准确度不断提升，因此英国在海上保险领域确立了不可撼动的绝对优势。

如今的"火灾保险"也起源于伦敦。1666年，也就是伦敦大火灾难发生后的第二年，身为医师的尼古拉斯·巴尔朋（1640—1698）为了减轻将来火灾的发生给市民带来的损失，以个人出资开始了关于建筑物火灾的保险事业。在人口过于集中的都市，人们对于大规模火灾的担心总是难以消除的。

火灾保险作为弥补都市人口过密缺陷的险种自问世以后得到了快速发展。为了提高火灾保险的收益，1680年，由3名出资人设立了火灾保险公司。让人感到有趣的是，保险公司为了减轻自己的赔偿负担，主动组织起消防队承担市内的灭火任务。

1865年，伦敦大都市消防队正式成立，近代消防体系得以确立。

"人寿保险"同样起源于英国。在英国各地，曾有在埋葬死者时社群成员相互帮助的习俗，但是，在邻里之间关系比较疏远的都市，有必要建立一套新的体系。

但是，为了将人寿保险变成一项业务，必须先计算出"不同年龄的死亡概率"，以此作为计算保费收取标准的基础，基于此计算出保费。

1693年，英国天文学家埃德蒙·哈雷（1656—1742）以德国某地的五年期间的出生、死亡记录为依据，统计出了不同年龄的死亡人数，被用来作为决定人寿保险缴纳保费时的合理基准。1762年，英国最早的人寿保险公司公平保险社成立。最初，购买人寿保险的只有能够付得起保费的富裕人士。19世纪中叶以后，面向普通人群的小额的人寿保险面世，自此，购买人寿保险的人数迅猛增加。

国债在英国成为安全的投资对象

因为战争久拖不决，各种临时性支出不断增大，国王从伦敦金融城的金匠那里借的钱无法返还。怛是，光荣革命之后，英国议会通过了《权利法案》，国王行使的任何权利都必须经过议会同意。

1692年，英国推行财政改革，开始发行国债。最初发行的国债是年息14%的年金型长期国债。由于光荣革命，英国议会授予国王增设税种、提高额度的权限。从此，国债变成了安全的投资对象。

依靠税收保证返还的国债一经发行，筹集军费得以顺利开展，这为英国变成海洋帝国提供了强有力的支撑。国债除了被用作扩大军备，还被用于征收新的关税和租税。那些购买了大量国债的债权人除了能够得到高额的利息，还被授予各种特权。

从17世纪末一直持续到英法第二次百年战争（1689—1815），英国之所以能够大获全胜，其最重要的原因就在于巧妙地发行了国债。依靠发行国债筹集资金得以顺利开展，英国得以持续获得战争的胜利。

法国历史学家费尔南·布罗代尔（1902—1985）关于此事指出，"资本主义只有与国家形成一体的时候，才会繁荣昌盛"。英国政府获得议会支持，将巨额债务置换为国债，才会在与法国的殖民地争夺战中取得胜利。荷兰在与英国的战争失败、商业资本衰退之后，金融实力犹存，仍继续保持着世界金融中心的地位。当时，阿姆斯特丹的金融市场对于欧洲经济有很大影响力，英国的国债发行之所以非常顺利，荷兰商人功不可没。

在光荣革命以前，英国国王的收入中有75%都是在没有得到议会承认的情况下收缴上来的。而在光荣革命之后，英国国王的收入减少了90%以上，大部分都变成了国债。

民间银行英格兰银行为什么能够发行纸币？

1694年，正在为如何筹集与法国作战的军费而苦恼的英国国王威廉三世接受了苏格兰贸易商威廉·彼得森的提议，按每年8%的贷款利息向政府提供资金、资本金为120万英镑的民间银行英格兰银行正式成立。

与犹太商人联系紧密的威廉三世，以英格兰银行低息认购国债为条件，授予该行发行不超过资本金额度的凭票即付的票据的权限。所谓威廉三世准许英格兰银行发行的票据，是指无论是谁只要将票据拿到银行，就可以换成黄金、白银的"兑换保证书"。这种票据就是最初的纸币。

纸币的发行对于那些为英格兰银行的120万英镑的资本金出资的大商人来说，是他们的重要收入来源。因为如果将纸币贷出去就可以收取利息，纸币流转速度越快、额度越大，英格兰银行的收益也就越大。

商人以格外低廉的利息认购国债，就相当于为国家做贡献。当时贷款的利息通常都在20%~30%，所以认购国债所须支付的8%的利息是相对低廉的。由于英格兰银行的成功运作，由商人组建的银行发行纸币的模式就确立起来了。

17世纪末发生在英国的这场金融变革，是靠荷兰人、犹太人等外部"资金"的流入才得以实现的。17世纪末，定居在英国的犹太人为600人左右，但是到了18世纪末就增加到2万人左右。

英国的南海泡沫事件和法国的密西西比泡沫事件

英国南海泡沫事件成为"经济泡沫"一词的起源

对于英国政府来说，如何找到国债的买主，将国债推销出去，是件费力的事情。但是，因王位的继承、争夺殖民地等，反复爆发大规模的战争，导致英国经济根本无法摆脱必须依赖国债的局面，有时，英国政府甚至有意识地利用"市场的狂热"（泡沫）推销国债。

1711年，英国半官半民的南海公司通过发行股票筹集资金、认购国债的消息不胫而走。英国深受西班牙王位继承战争（1701—1714）的影响，财政早已入不敷出，必须依靠推销国债摆脱困局。但是，南海公司利用国债认购，引发了近乎欺诈的南海泡沫事件。

南海公司本来是一家依据丹尼尔·笛福（1660—1713）的《鲁滨逊漂流记》和爱尔兰的乔纳森·斯威夫特（1667—1745）的《格列佛游记》等海洋探险故事而设计并经英国王室特许成立的公司。南海公司在成立之后，承包了经营拉丁美洲的殖民地的业务。但是，拉丁美洲是西班牙的殖民地，所以，南海公司并不是一家实体公司。南海公司为了摆脱业绩低迷的局面，就打起了将国债转换为自己公司的股票、再通过销售股票来赚取利润的主意。南海公司获得了发行与认购的国债等额的股票的许可，其股票扮演了信用货币的角色。

因此，南海公司要想从政府那里购买到尽量多的国债，必须通过发行股票筹集到尽可能多的用来购买国债的资金，于是开始策划如何才能拉升股价。公司在同意追加认购国债的同时，将公司股票的认股权作为贿赂赠送给首相、财政部部长等掌握国家实权的政治家，作为回报，公司获得了新股发行价由公司自己决定的权限。

南海公司在议会获得自由发行股票权利的同时，英国在西班牙王位继承战争中获得了在西班牙殖民地的奴隶贸易的垄断权一事被大肆渲染，南海公司即将通过奴隶贸易获取高额利润的传言散播开来。

此前，东印度公司的超高股息曾持续多年，故人们的期望值越来越高。购买南海公司股票的人蜂拥而至。荷兰人的大举投资也成为南海公司股价暴涨的重要原因之一。

南海公司的股价在半年的时间里上涨了10倍。政府趁机将80%的国债都转换成了南海公司的股票，同时南海公司也大赚了一笔。据说，精于算计的荷兰投资者中有相当一部分人知道其中的利害，所以趁股价很高的时候清仓变现，将"资本"安全地转移到了英格兰银行。

由于拉丁美洲的奴隶贸易未能变成现实，人们对于南海公司股票的狂热购买猛然冷却下来。股价在短短的两个月时间暴跌80%。

最终，南海公司的股价跌破发行价，难以计数的投资者遭受了巨额损失。但是，南海公司本身却作为金融公司存在下来。科学家艾萨克·牛顿（1643—1727）当时是位于伦敦塔的铸币局的局长，据说他因持有南海公司大量股票而遭受2万英镑的损失。他曾经对南海公司股票的价格之高表示出疑虑并做了清仓处理，但后来看到股票价格仍在上升，再度购入大量股票，而后却遭受巨大损失。据说，牛顿曾感慨道，"天体的运行能够计算，但人的疯狂无法计算"。经济泡沫是人的欲望的失控，因而无法测算。

为了防止经济泡沫的再度发生，1720年，英国议会制定了《泡沫法》，规定在由7名以上的出资人设立股份公司时，必须要得到议会的认可或者是得到国王的准许。南海泡沫事件导致人们对股份公司的不信任感明显增强。从结果来看，股份公司在英国普及的速度放缓了。对于公司治理予以监管的监察制度、注册会计师制度也是在处理这一事件的过程中开始推行的。由此可见，南海泡沫事件给英国经济造成了重大影响。

法国密西西比泡沫事件使"百万富翁"一词流传至今

与南海泡沫事件几乎发生在同一时期，法国发生了密西西比泡沫事件。密西西比河流域的路易斯安那成为法国殖民地，承担开发这一地区任务的法国密西西比公司的股票大涨，泡沫迅速膨胀，最终走向破灭。事件的引发者是苏格兰金银加工匠的儿子约翰·劳（1671—1729）。

劳在年轻的时候与人决斗时将对方杀死而被投进大牢，但是他周密策划并成功出逃，通过赌博赢钱混入上流社会。精于计算的劳潜心研究银行发行纸币的运作机制。他认为，如果在不受有限的黄金、白银的存储量约束的前提下发行纸币的话，法国经济状况也会好转，自己还能通过纸币的发行获得巨大的好处。

他经过深入研究后，得出了"只要人们的信用、购买力得到保证，纸币与黄金、白银便没有丝毫差别"的观点。他还主张"信用就是用10万里弗（法国当时的货币名称）的钱开展100万里弗的商业活动"。他的这些观点与今天的对冲基金的原理不谋而合，那就是通过将债权证券化，让信用不断膨胀。

他的观点被路易十五的摄政、路易十四的外甥奥莱昂公爵采纳，当时，奥莱昂公爵正在为财政窘困而苦恼。1716年，拥有纸币发行权的私人银行——综合银行的创立得到了波旁王朝的许可。法国最早的纸币是在英格兰银行成立22年之后发行的。

该行于1718年改为国营银行，成为皇家银行，进一步加大了能够兑换为黄金的纸币的发行力度。波旁王朝发布命令，必须使用该行发行的纸币缴纳一切税款，成功促进了法国经济的好转。

紧接着，约翰·劳设立了密西西比公司，该公司获得了路易斯安那地区的开发权和为期25年的法国与路易斯安那之间贸易的垄断权。劳想利用公司的收益作为银行发行的大量纸币的价值担保。路易斯安那是与加拿大接壤的密西西比河流域的广大区域。劳的如意算盘是，密西西比公司用从皇家银行借来的纸币购进贵族持有的迟迟无法变现的国债，贵族用到手的纸币购进密西西比公司发行的股票。也就是说，以不兑换的"纸币"为中介，将贵族手里的国债转换为密西西比公司的股票。

这样一来，劳就等着欣赏密西西比公司的股价不断上涨的好戏了。于是，劳让政府授予公司香烟贸易的垄断权，通过将众多殖民者和奴隶送到路易斯安那，增加公司收入。当时作为开拓路易斯安那殖民地的落脚点而建起来的港口城市就是如今的新奥尔良。

劳为了拉升股价，用尽了一切手段，诸如扩大密西西比公司的贸易特权、高额股息、将股票拆分销售、对老客户打折销售等。

不仅法国人购买密西西比公司的股票，英国人、荷兰人等欧洲人也纷纷购买，1719年，密西西比公司股价上涨了18倍。该公司的股票甚至给人一种一票难求的假象，是典型的泡沫。据说，"百万富翁"一词就是在这个时候出现的。劳的管理国家财政的能力得到了法国王室的赏识，劳被提拔为财政大臣。

但是，1720年法国王室将皇家银行的管理权委托给印度公司（法国东印度公司在1719—1720年的名称）后，人们对一直也看不到收益的密西西比公司股票的期望迅速冷却，股价随即暴跌。投机不是靠理性而是靠心理推动的。依靠密西西比公司的股票担保"信用"的纸币很快就成为废纸，法国经济出现了大崩溃。

失去了一切的劳好不容易保住一条性命，逃往意大利，后客死威尼斯。1721年，密西西比公司的所有股票被法国政府废弃。1803年，拿破仑仅仅以1500万美元的价格将路易斯安那卖给了美国。

第 7 章

欧洲商业的崛起

瓜分殖民地与欧洲各国势力均衡的矛盾

殖民地统治的瓦解和国家体制的建立

从18世纪下半叶到19世纪，英国在北美洲的13个殖民地团结起来发起了独立战争，依靠法国等欧洲大陆各国的支持于1783年实现独立。其影响直到1815年拿破仑的没落波及广大区域，整个美洲大陆才从欧洲各国的殖民体系中独立出来，大西洋世界分离成欧洲大陆和美洲大陆。欧洲各地也纷纷爆发武装起义，目的是推翻国王和贵族占统治地位的旧制度，建立由公民掌握主权的国家。

同一时期，依靠美洲大陆的棉花种植园和英国的工厂，英国的棉布产量迅猛增加，机械设备和蒸汽动力组合在一起的大工业生产迅速普及。大西洋世界无论是政治方面还是经济方面都发生了大变革。美国独立战争成为变革的契机，势力均衡的法国、荷兰、西班牙站在殖民地立场与英国开战，引发了大西洋世界的彻底转变。美洲大陆的反殖民地战争与欧洲内部国家之间的战争引发了远远超乎人们预期的大变动。

在短短的半个世纪时间，美国独立战争（1775—1783）、法国大革命（1789—1799）、拿破仑战争（1803—1815）、拉丁美洲的独立接连发生，史称"大西洋革命"。其结果是，在大西洋世界和欧亚大陆的陆上世界从未存在过的政治经济体制诞生了。

从主权掌握在国王手中转变为主权掌握在公民手中，从特权阶层占统治地位的人治社会（关系社会）转变为基于议会制定的法律之上的法治社会（根据公民代表制定的法律开展治理的社会）。由于公民掌握了主权，经济的自由竞争得以实现，资本主义的政治基础形成。由于推行了民主主义，新的经济生力军不断涌现，资本主义经济的发展进入了新局面。并且，从美国独立战争到拿破仑战争，在广阔区域频繁爆发大规模战争，各国的财政状况都在恶化，金融业在筹措巨额战争经费的过程中影响力突显。欧洲在大战频仍的过程中进入了"金融时代"。

资本主义国家体制给商业资本的快速发展提供了各种有利条件，具体来说主要包括：①建立了以国家为单一市场的经济体系；②身份制度被打破，掌握了自己命运的人成为资本主义经济的建设者；③国家成为资本主义经济的基础设施建设的承担者；④形成了将各国经济结合在一起的国际经济；⑤依靠势力均衡维持和平，欧洲各国之间的战争次数急剧减少；⑥大西洋国家纷纷推行新的经济体制。

波士顿商人是美国独立战争的幕后推手

在大西洋沿岸各国经济发展过程中，将美洲大陆视为殖民地的大航海时代以来的体系发生了动摇。如前所述，依据重商主义思想对殖民地实行统治，英法第二次百年战争等，增大了宗主国和殖民地的负担，维持殖民地所需投入的巨额成本让宗主国越发感到力不从心。

法国人和印第安人的战争（1754—1763年英法为争夺北美洲控制权而进行的战争）中，虽然最终英国打败了法国，将北美洲纳入自己的势力范围，但是，英国在战争过程中累积起来1.3亿英镑的巨额赤字国债，使国家财政陷入困境。因此，英国开始对殖民地商人（以波士顿商人为主）的贸易加大了监管力度，通过《砂糖法案》（1764）、《印花税条例》（1765）等，对于殖民地征税，引发了美洲殖民地公民的强烈反对，反对理由是"无代表不纳税"。所谓的"无代表不纳税"，指的是美洲殖民地在英国议会中没有代表，因而没有义务纳税。因此，那些要求对殖民地征税的法律（即可能直接影响到大众生活的法律），以及针对殖民地的其他法律，都是违背宪法的。所以，13个殖民地一起反抗，袭击销售课税中心的印花的商店，抵制英国的征税行为。

于是，英国的财政大臣查尔斯·唐森德（1724—1807）在波士顿港设置了关税局，从英国运往殖民地的玻璃、纸张、颜料、红茶等一律征收进口税，强化对于商人的打击力度。波士顿商人与13个殖民地签署抵制英国商品进口的协定，与英国政府对抗。

在这一过程中，英国政府于1773年制定《茶税法》，将红茶大量运往殖民地，销售红茶的波士顿商人与由大批青年结成的"自由之子"（为反抗英国的殖民统治而结成的团体）走到了一起。同年12月，波士顿公民将东印度公司运来的大量茶叶倾倒于大海之中，由此引发了"波士顿倾茶事件"。英国派遣军队前往镇压，并将波士顿港封锁起来。英国派遣的正规军与殖民地的民兵之间发生了武力冲突，以此为契机，美国独立战争（1776—1783）爆发。东印度公司与波士顿商人之间的对立引发了长达7年的美国独立战争。殖民地一方在1776年7月4日的大陆会议上通过了由托马斯·杰斐逊（1743—1826）起草的《独立宣言》，提出了"独立是基于人类的普遍权利而采取的行动"的主张。

在英国的重商主义政策之下，殖民地连一根钉子也必须从英国采购。因此，这13个殖民地根本不可能生产武器、弹药，本来是不可能与大英帝国抗衡的。但是，欧洲各国认为这是一场内乱，不认可英国方面的主张，法国、荷兰、西班牙军队站在殖民地立场与英国开战。结果，殖民地竟然奇迹般地战胜了宗主国。美国独立战争将殖民地与宗主国之间的战争转化为欧洲各国之间的战争。

美国独立战争起到了多米诺骨牌效应，在欧洲，爆发了法国大革命和拿破仑战争；在美洲大陆，本来是西班牙、葡萄牙殖民地的拉丁美洲各国接连爆发独立运动，整个大西洋沿岸出现巨变。

在美国独立战争爆发的那一年，亚当·斯密的《国富论》出版。他在该书中从经济学角度对欧洲各国的殖民统治进行了批判，"在这些殖民地建立以后，由于从中取得的利益很大，殖民政府也开始加以关注。比如，针对殖民地贸易颁布一些条例法令，就是为了保证自己垄断这些殖民地的贸易，通过限制殖民地的市场而扩大自己的市场。所以，这种关注不但没有促进殖民地的繁荣，反而抑制了它的发展"。由于这种殖民体系的瓦解，商业资本获得了前所未有的巨大活动空间。

大西洋世界发生巨变

法国大革命的起因

在美国实现独立的6年后，深陷财政危机的法国发生了政变，其背景是法国与英国之间的长期战争导致财政状况恶化，再加上连续发生天灾导致农业严重歉收。波旁王朝在万不得已的情况下向拥有免税特权的贵族征税，但遭到了囿于特权的贵族的坚决抵制，引发了法国大革命。

法国大革命早期的领导人、贵族拉法耶特（1757—1834）抄写美国的《独立宣言》并装裱之后悬挂在自己家的墙壁上，他还利用自己购买的"赫尔迈厄尼"号舰船远渡美国，参加了美国独立战争。他就是这样一位对美国即将建立的新社会产生了强烈热情的人物，是一位苦苦寻求终于找到自己的理想并为之奋斗的人，他的一腔热情是要将美国的"主权在民"的观念移植到法国。

正如后来多部文学作品描述的那样，法国大革命的过程波诡云谲、跌宕起伏，充满戏剧性。由于奥地利、普鲁士出面干涉，对外战争穿插进来使得事态复杂化。外国军队的进入，加深了法国的危机，革命斗争日益尖锐，战争的主导权开始转到民众手中。1792年，法国国王路易十六（在位时间为1774—1792）被处死，议会开始掌握主权。1795年，新的政府机构"督政府"成立，充满变数的革命终于暂且告一段落。

面临严峻财政困难的法国，革命政府试图通过发行一种名为"指券"（年息5%的债券）的纸币确保财政收入。1789年，深陷财政困局的革命政府以土地和财产为担保发行了指券。革命政府做出保证，在将接收过来的土地和财产卖掉之后，用这笔收入回收已经发行的指券。所以说，指券只不过是"国有财产的兑换券"，但不久之后，指券就被当作纸币使用。在与周边国家的战争不断激化的时期，革命政府通过发行指券，将大约100万民众武装成了军队。

但是，由于1794年发生的一场政变（热月政变），"统制经济"变为"自由经济"，指券的信用骤然下降。再加上革命政府过度增发指券，1795年，欧洲发生了前所未有的恶性通货膨胀。指券的价格暴跌到票面价格的千分之三。1796年，指券终于不再发行。最终，拿破仑拒绝回收已发行的指券，指券变为废纸，平民的生活遭到重创。

由于指券停发，法国深陷通货短缺局面，一时间，法国内出现了使用外国货币的局面。后来，法国发生了将整个欧洲卷入其中的拿破仑战争，法国的经济在战争状态下缓慢复苏。

拿破仑胜在军事，败在商业

在法国大革命带来的社会混乱和法国人的爱国激情被点燃的背景下，法国军方作为新秩序的开创者登场了。掌握了领导权的是出生于法国边陲之地科西嘉岛的地方贵族家庭的拿破仑·波拿巴（1769—1821）。拿破仑掌握了测量和弹道计算等，凭借自己的能力成为一名炮兵军官。法国大革命爆发之后，拿破仑率领由民兵组成的炮兵站在了革命的一方，取得了一系列战争的胜利。通过着手《拿破仑法典》的制定等，拿破仑在政界掌握了实权，凭过硬的实力和较好的运气，在35岁时就当上了法兰西第一帝国的皇帝。

法国大革命爆发后，法国推行了征兵制度，拿破仑指挥着实力强大的军队，向欧洲各国推销"法国革命的理念"，促使欧洲的旧制度土崩瓦解，欧洲的社会秩序焕然一新。粉碎了欧洲贵族制度的拿破仑被广大欧洲平民称为"解放者"，音乐家贝多芬（1770—1827）专门为他奉上《拿破仑》（后因贝多芬对拿破仑称帝深感失望，改名为《英雄》）交响曲；哲学家黑格尔（1770—1831）称赞他为"马背上的世界灵魂"。

但是，法国人对于屡屡违约的国家财政日益丧失信任，法国财政经常处于捉襟见肘的状态。无奈之下，拿破仑将法国的殖民地路易斯安那以1500万美元的低廉价格卖给了美国，这片土地超过于美国整个国土面积的20%。这是拿破仑当时能够想到的筹措战争经费的唯一办法。

拿破仑战争是一场旷日持久的大规模战争，导致欧洲各国经济凋零，社会疲敝，各地大大小小的贵族沦为平民。在这一背景下，英国因为没有卷入欧洲大陆战争而经济优势迅速增强，贵族社会也维持下来。

1806年，神圣罗马帝国解体，拿破仑的远征也已告一段落，在广大商人的请求之下，拿破仑推行了《大陆封锁令》，欧洲大陆各国与英国之间的通商关系被全面切断，此举的目的在于增强法国的经济优势。英国也不甘示弱，出动海军采取了"反封锁"行动，发起了一场针对法国的经济战争。吃尽了苦头的是法国，法国无法取代商业强国英国。自法国大革命到拿破仑战争期间曾七度结成的对抗法国大同盟，英国都是不可撼动的盟主，在控制整个大西洋市场的基础上，其商业优势得到不断扩大。

众所周知，对于公然破坏大陆封锁令强行向英国出口粮食作物的俄罗斯，拿破仑出动60万身着夏装的军队前往讨伐，但最终一败涂地，自此一蹶不振。陆上的法国输给了海上的英国，贸易统制输给了自由贸易。

但是，如果欧洲经济很快好转，拿破仑还有可能扭转局面。1806年，拿破仑占领了当时的国际金融中心阿姆斯特丹，如果得到国际金融机构的帮助，重建法国财政也并非难事。但是，对于经济一窍不通的拿破仑以征服者的姿态在阿姆斯特丹实行专制统治，大批金融从业人员逃往伦敦。结果，伦敦成为国际金融中心。

英国虽然战胜了拿破仑，但毕竟是一个小国，背上了相当于其经济规模2.88倍的巨额赤字国债，英国的财政仍然处于举步维艰的局面。

英国商人进入拉丁美洲

由于拿破仑战争，西班牙和葡萄牙都被拿破仑军队占领，这两个国家在美洲大陆的殖民统治出现严重动摇。在西班牙殖民地掌握实权的西班牙移民的后代（西班牙裔拉丁美洲人）在西蒙·玻利瓦尔（1783—1830）、何塞·圣马丁（1778—1850）等的领导下，开展了一系列的独立战争，20世纪最初的20年，有20多个国家实现了独立。但其统治者说到底还是西班牙移民（巴西是葡萄牙移民）的子孙，作为原住民的印第安人依然处于无权状态。

当时的欧洲处于维也纳体系（1815—1848）之下，西班牙将其占领的拉丁美洲国家视为欧洲的一部分，西班牙想要派遣支撑维也纳体系的五国同盟的军队前去镇压，但因英国的强硬反对而遭受挫折。拉丁美洲各国的独立得以实现。英国对拉丁美洲各国的独立予以强有力的支持，其意图在于等西班牙、葡萄牙的统治被推翻之后，将自己的经济触角伸向拉丁美洲，将经济基础尚不稳固的拉丁美洲国家纳入自己的经济圈。

罗斯柴尔德将英镑推上世界货币宝座

欧洲的金融时代和罗斯柴尔德家族

战争需要投入巨额军费，拿破仑战争为金融业提供了巨大的活动空间。

拿破仑战争将战火蔓延到整个欧洲大陆，各国均投入破纪录的巨额战争经费，一些犹太金融专家被各国政府安排在筹集战争经费的重要角色上。英国发行了相当于经济总量2.9倍的国债坚持开展与拿破仑的战争，以票据的承兑、证券的发行为主要业务的商人银行，通过认购国债支撑着英国超过一半的国家财政。拥有丰富的资金和巨大的信息网络、人脉关系网的罗斯柴尔德家族、施罗德家族等，以伦敦为中心控制了欧洲及其殖民地的经济命脉。

其中，拥有欧洲当时最大的金融集团的是在德国的法兰克福经营古董和古钱币起家的犹太人罗斯柴尔德家族。该家族的创始人梅耶·罗斯柴尔德（1744—1812）是为拥有巨额财产的黑森选帝侯（德意志诸侯中有权选举神圣罗马皇帝的诸侯）威廉一世（1797—1888，在位时间为1861—1888）打理资产的宫廷御用商人，但是，拿破仑称霸欧洲和"大陆封锁令"给梅耶带来了改变家族命运的重大机遇。

威廉一世得知拿破仑即将入侵的消息之后仓皇流亡国外，将自家财产的保管和运营托付给梅耶。梅耶利用这一天赐良机在拿破仑战争和欧洲大陆被封锁的背景下捞到了第一桶金，然后他将五个儿子中的四个分别派往伦敦（老三，内森，1777—1836）、维也纳（老二，所罗门，1774—1855）、巴黎（老五，詹姆斯，1792—1868）和那不勒斯（老四，卡尔，1788—1855），他和长子（阿姆斯洛，1773—1855）坐镇法兰克福，构建了覆盖整个欧洲的金融网络，确立了维也纳体系下的金融霸权。

梅耶通过自己的五个儿子获得欧洲各地准确的政治、经济信息，自己与五个儿子相互之间开展资金合作，在整个欧洲的金融领域崭露头角。在资本主义时代，抢先获得信息和广阔区域的合作是金融行业赚钱的关键。

内森成为英镑的"大总管"

1806年，"大陆封锁令"一经颁布，罗斯柴尔德家族通过砂糖、香烟、棉布、咖啡豆贸易大发横财。老三内森负责在英国采购上述商品，其他兄弟利用在各地构建的网络将这些商品销售一空。其中，棉布在欧洲大陆特别畅销。据说，内森常驻曼彻斯特专门负责棉布的采购。

随后，内森利用1815年发生的滑铁卢战役进行债券的买卖大赚一笔。在莱比锡会战中遭到惨败被流放到厄尔巴岛的拿破仑，从岛上成功逃脱并重返皇帝宝座（又当了一百天皇帝），此后发起了滑铁卢战役，内森利用当时最先进的通信工具"信鸽"通过秘密的信息网络获得的信息，比官方的信息渠道提前四天获知拿破仑战败的消息。

因此，内森在得到准确消息之后，立即做好了大赚一笔的计划。因为英军胜利了，理应是"购进"国债，但是，他在伦敦的股票市场故意大张旗鼓地大量抛售英国国债。投资者们都知道内森在欧洲大陆拥有可靠的信息来源，这下满以为英军必败无疑，都跟在内森后面将持有的国债全部抛出。

内森聚焦在了英国发行的公债上面，这是一种不偿还本金但没有设定何时到期、永久为购买者支付一定利息的年金型公债。如果英国战败的话，也就不可能再指望政府会支付利息，所以，公债必然会被像废纸一样廉价抛售。公债果然暴跌。内森瞅准公债已经跌到近乎白送的时机，大量购进，一举成功地让自己掌控的金融资产膨胀了2500倍。这就是非常著名的"内森的逆向抛售"。

内森赚取巨额财富充分表明，当时已经进入纷争、战争成为巨大商机的时代；及时掌握准确的信息成为赚钱的法宝；资本市场从某种意义上来说就是"尔虞我诈的世界"。概括来讲，当时的资本主义经济已经进入"虚业"（金融活动）排挤"实业"（商品生产）、随机应变的商界奇才大显身手的时代。

如前所述，到了内森那一代，罗斯柴尔德家族在以金融都市伦敦为中心的五个欧洲主要都市设立据点，在欧洲经济的腾飞期，利用驿站、信鸽驱动信息网络，机智敏捷地积累每一笔财富。据说，罗斯柴尔德家族为了保守商业机密，在传递的各种信息中掺杂使用了除了犹太人极少有人看懂的希伯来语。

内森在1825年伦敦城的金融危机之际，从欧洲各地筹集资金捍卫了英格兰银行作为货币发行银行的地位，在英国的金融界拥有了别人无法企及的声望。据说，梅耶经常对他的五个儿子讲，"把国家的货币供应量的管理权控制在我们手里"，只要掌握了它，其他什么都可以不要。内森已经朝着这一目标迈进了一大步。货币的发行相当于国家经济的"心脏"部位。

英国掌握的白银数量极其有限，通过对亚洲国家进行经济侵略，将银本位制改为金本位制，成功地实现了让纸币英镑作为黄金的兑换凭证在市场上流通。罗斯柴尔德巧妙地利用了在美国、澳大利亚等国出现的一系列"淘金热"，到处散布"黄金遍地"这一幻象，成功地实现了向金本位制的转换、将作为黄金的"兑换凭证"的英镑变成了世界的结算货币。而这无论是对于英国商人来说，还是对于参与了英镑纸币发行的犹太商人来说，都是具有决定意义的胜利。

身为犹太人的英国首相本杰明·迪斯雷利（1804—1881，在位时间为1868和1874—1880）在从埃及总督那里购买苏伊士运河股份的时候，曾从罗斯柴尔德家族借到了一笔巨额资金。由此可知，罗斯柴尔德家族在称霸世界的英国政府中掌握了财政大权，通过将英镑纸币变成世界货币而大发横财。不久，美国作为新兴国家，经济迅速发展，罗斯柴尔德家族与美国银行家约翰·皮尔庞特·摩根（1837—1913）联手打入纽约金融界，开始助推美国经济称霸世界。

工业资本在英国的商业中独立出来

大西洋商业的兴隆和英国农村毛纺织工业的发展

话题稍做回溯。在大航海时代，欧洲基本上没有什么特产，其战略商品是毛织品。英国作为优质羊毛的产地，超越意大利、西班牙、尼德兰，成为欧洲最大的毛织品生产国。

到了17世纪，英国已经基本上垄断了大西洋的三角贸易，商业进入了迅速发展时期。英国在掌握了大西洋商业霸权的同时，其毛织品工业也取得了长足发展。毛织品最早是在都市地区生产，后来为了避开行会的规制以及都市匠人的高工资，商人们通过批发商制度将生产的场所转移到农村。在第一次产业革命之前，在商人的主导下，面向大西洋市场出口的毛织品生产已经扩展到英国的广大农村地区。

美国经济史学家富兰克林·门德尔斯、肯尼斯·克拉克森等，根据17世纪英国农村毛织品工业的发展与大西洋市场扩展的关系，提出了"原发工业化理论"。他们认为，第一次产业革命前的英国农村毛织品工业的发展不仅仅是农村的工业化，同时还是具备了如下三个条件的历史现象：①英国的农村手工业并非与当地市场的联动，而是与国际市场的联动；②通过与商业资本主导的批发商制度紧密结合在一起，小农形式的手工业得以发展起来；③农业在转向重视效率的资本主义经营的过程中，农村手工业作为地区性分工的一部分与大规模的商业性农业一道兴起。

与上述观点有所关联，2000年出版的美国芝加哥大学教授、汉学家彭慕兰（1958— ）撰写的《大分流》一书中，提出了这样一个问题：在欧洲、印度北部、中国长江三角洲、日本的京都周边地区等，都可以看到发展程度大体相同的市场经济，但唯独欧洲的资本主义获得了大发展，为什么？

他认为，1800年以前，欧洲经济的发展无论从程度还是从规模来看，都与中国长江三角洲、日本的京都及关东地区、印度北部、荷兰及英国的状况有着"惊人的相似"，但是自进入19世纪以后，英国与其他几个地区之间出现了明显的差别，其原因就在于英国商人手中掌握了取得海外资产的特权。

他指出，欧亚大陆的市场经济在18世纪下半叶受到了人口过快增长这一环境变化的制约，与此相反，唯独英国幸运地同时具备了三个条件：①就近获得煤炭这种经济发展不可或缺的能源；②充分利用美洲大陆的广阔土地；③由英国商人主导的大西洋三角贸易的兴隆。因此，英国得以通过第一次产业革命实现了经济的快速发展。

彭慕兰试图从全球的视角解释作为世界商业的一环的英国农村工业的发展。他对发展程度大体相同的英国的农村与中国长江三角洲地带的农村进行比较，得出了英国经济的快速发展得到了多种良好外部条件的支撑这一结论。这一观点与"原发工业化理论"同样，站在了对商业资本予以高度评价的立场之上。

由棉布这一世界商品推动的第一次产业革命

日本经济学家、东京大学名誉教授岩井克人（1947—　）认为，如果将利用价值体系的差异实现利润最大化作为一个整体来考察，商业资本与产业资本主义从本质上来看是同源的。如果站在这一角度来看，通过"棉布"这一新的战略商品，商业资本和产业资本联手实现的经济发展，似乎就没有必要划分出几个阶段。

推动英国经济迈上新的发展阶段的，是东印度公司从印度运回的棉布。能够适应所有的气候条件、结实耐用、吸湿性强、物美价廉的棉布，一跃成为大西洋市场的战略商品，应该是理所当然的事情。从印度带来的物产让大西洋市场取得飞速发展。

从欧洲大量出口到大西洋市场的棉布，消除了因砂糖的过高需求导致的日益加重的大西洋三角贸易的失衡。

棉布的英语为calico，这个词语的来源是棉布的装船港卡利卡特（Calicut），今天该港口的名字已改为科泽科德。棉布本来是英国东印度公司从印度运回的，既美观又可以染成各种颜色，被英国人视为高级品。在英国，棉布的使用首先从贵族开始，然后慢慢推广到中产阶层，这样就排挤了此前垄断市场的毛织品。经营受到威胁的毛织品从业者开始抗议，极力捍卫自己的既得权益。议会于

1700年和1720年两度制定禁奢令，禁止被视为奢侈品的印度棉布在英国国内使用。

话题就从这里开始。棉织品从业者无奈之下开始生产掺和了一些"麻"等材料的廉价棉布（混纺棉布），并拿到市场销售，以此与议会对抗。

在西印度群岛大量种植廉价的棉花，将其用传统的毛织品技术进行加工，混纺制造出来的廉价的替代品，不久就在大西洋市场火爆销售，成为超过砂糖的热门商品。棉布成为受人们欢迎的热门商品之后，英国政府对于棉布的态度出现了重大转变，通过关税的运作让棉布成为向大西洋市场出口的主要商品。

英国政府对从印度进口的棉布征收67.5%的关税，但是对自己国家生产的棉布向大西洋国家出口仅是象征性地征收2.5%的关税，通过这种赤裸裸的英国至上的关税运作，目的就是要阻止印度棉布直接出口到大西洋市场。在英国主导的大西洋三角贸易中，英国用扩大棉布出口赚来的钱购买更多的奴隶，利用这些奴隶扩大棉花的种植面积，以此推动英国棉织品工业的发展。

但是，从事这种赚钱的纺线、织布业务的是身为平民的商人。棉纺织业在当时也是一种风险事业。这是因为对于那些贵族、绅士等资产阶级来说，有商业、金融、经营殖民地等利润更为丰厚的生财门路。因此，即使说平民是英国第一次产业革命的主力军也不为过。

英国的绅士资本主义论

1733年，约翰·凯伊（1704—约1764）发明了毛纺织工业的织布工具飞梭。18世纪60年代，飞梭被利用到棉纺织工业之后，工人的织布效率一举翻倍。但是，纺线的工作仍然是手工作业，效率无法提升，由于棉线短缺致使棉布价格飙升。零散的棉布行业总是难以快速发展。因此，为了发明出纺线的新技术，商人们纷纷拿出悬赏，目的在于通过新技术的开发确保廉价棉线的供应。平民纷纷响应，在这样一种背景下，拉开了第一次产业革命的序幕。但是，当时的工厂都分散在郊外的沿河地带，颇具田园牧歌的诗意。

英国计量经济学家尼克·克拉夫茨通过测算得出，从1780年到1801年英国国内生产总值（GDP）的年均增长率仅为1.32%，从1801年到1831年也仅为1.97%。他指出，英国在第一次产业革命时期生产率的增速极其缓慢，并批驳了一些学者们提出的第一次产业革命实现了经济的大变革的观点。

近年来，甚至有学者认为"第一次产业革命并不曾发生过"，从经营农业转向持有证券的绅士们推动了英国经济的发展，这一所谓的"绅士资本主义论"成为具有代表性的观点。但是，通过第一次产业革命，工业从商业中独立出来，出现了一批敢于承担风险投入制造业领域的工业资本家，这是毋庸置疑的事实。不过，在当时的全部劳动者中，在工厂工作的人数仅有40%左右。

19世纪20年代，英国依靠第一次产业革命经济取得迅猛发展。19世纪30年代，工业化的浪潮开始波及欧洲大陆国家。工业真正在经济发展中占据主导地位，还要等到自第一次产业革命开始百年以后的第二次产业革命时期（19世纪70年代以后）。

位于欧亚大陆干燥地带的各国，以农业为中心的经济长期处于停滞状态，但是依靠工业化，欧洲经济进入迅猛增长阶段。生产、流通领域和社会生活领域的技术创新接连出现。经济增长的曲线处于一直上升的状态。在英国，以人口的增加（到18世纪下半叶增加了近50%）、都市的发展、与法国之间的长期战争（第二次英法百年战争，1689—1815）等为背景，在政府和议会的推动下，以增产粮食为目的、被称为"第二次圈地运动"的农业大规模建设取得很大进展，许多佃农因失去土地而流入都市，也有力地促进了工业化的进展。

工业资本推动了煤炭行业的快速发展

第一次产业革命时期发生的最重大的变化之一，就是以煤炭为能源的蒸汽机的出现。近代以来的历史，就是一部利用过去积累下来的化石能源（煤炭、石油、天然气）推进工业化的"都市"的历史，与农业社会的循环利用体系完全不同。

冬季漫长、寒冷的英国，进入16世纪以后，壁炉作为取暖设备已经基本普及，由于壁炉大量使用木材，导致森林资源日益枯竭。从1600年前后开始，煤炭成为人们广泛使用的燃料。煤炭的燃烧效率要远远超过木材，在英国分布着多处优质煤矿。

煤炭被大量开采出来，就出现了坑道被地下水淹没的问题。因此，英国工程师托马斯·纽科门（1663—1729）发明了排水用、全天候运转、个头大效率低的"大气压蒸汽机"。

18世纪60年代，距离伦敦很远的苏格兰的格拉斯哥大学实验仪器修理师詹姆斯·瓦特（1736—1819），制造出改良版的"旋转式蒸汽机"，在18世纪80年代作为机械的动力得到实用化推广。瓦特虽然没有受过高等教育，但是他特别喜欢读书，学会了多门语言，掌握了相当广泛的"实际学问"。正因为如此，他才能对蒸汽机的重要意义做出了科学的预判。

瓦特为了让煤炭燃烧、用锅炉制造出蒸汽，采用了两种方法将"小型化蒸汽机"变成工厂机械的动力来源：一是通过将气缸里的蒸汽导入冷却器大幅度提高燃烧效率；二是采用行星齿轮和自动调整旋转的离心调速器将活塞的往返运动变成旋转运动。商人马修·博尔顿（1728—1809）与身为发明家和技术专家的瓦特合伙成立公司，生产和销售蒸汽机。1775年，两人共同成立博尔顿–瓦特商会，先进的技术与充足的资金、高超的经营完美地组合在一起。

博尔顿成功地开发出出租的营销方式，与纽科门蒸汽机相比，节约的燃料费的三分之一当作租赁费，按期付给他与瓦特合伙成立的公司。蒸汽机最初用在煤矿的排水以及水闸的开闭等领域，不久应用到铁路及轮船领域，将高速且稳定的输送网络拓展到全世界，让世界发生了巨变。

商业资本掀起铁路建设高潮

经过第一次产业革命和铁路建设，欧洲的面貌出现了巨大变化。到了1865年前后，世界工业生产的大约65%由英国、法国、德国和美国这四个国家提供。

这些国家的工业生产取得了快速发展，出现了许多产业都市。与以粮食征税然后再分配的封建都市不同，近代都市发展成为商业、工业、金融的中心。近代都市的中心散布着工厂、仓库、铁路设施、船坞、运河、商店等经济设施和贫苦劳动者的居民区。

对于通过大量商品的循环扩大收益的商人来说，都市的各项基础设施建设、都市生活圈的扩大，都成为他们一举暴富的商机。由商品的集聚支撑起来的都市走向成熟，商业资本的性质迅速发生变化，变成了主导经济发展的力量。都市的人口密集化成为商人利润增加的源泉。

通过对今天覆盖地球的互联网商业和大型企业的关系进行考察，就可以明白，19世纪中叶，商人通过在世界各地建设起来的铁路、蒸汽轮船的网络所产生的巨大物流赚取了巨额利润。将都市与都市、世界各地的种植园及矿山与本国的都市连接起来的是由铁路和蒸汽轮船构成的庞大网络。

都市人口的增加促进了从全世界调运物资的铁路、蒸汽轮船网络的扩大。深受人口密集化、霍乱等疾病、治安恶化影响的近代都市，通过上下水道的建设以及路灯的设置等推进"都市的再生"。伦敦在1863年开始建设地铁，市区逐渐向郊外拓展。这些让都市变得更加美丽、面积更加广大的业务，成为商业资本家增加财富的商机。

1850年，人口超过50万的都市仅有7个，1900年增加到42个。都市人口在100年间增加了4倍。在英国，1900年，大约80%的人口都生活在都市里。根据预测，到2050年，全世界都市人口的比例将达到68%。

铁路建设、蒸汽轮船航线的开辟和第二次产业革命

铁路产业激活了商人的潜能

由铁路和蒸汽轮船推进的交通网的不断扩大（交通革命）对于世界市场的形成做出了重大贡献。蒸汽机不仅在第一次产业革命的过程中发挥了重大作用，在交通设施的建设、世界市场的扩大方面也做出了不可磨灭的贡献。

将小型化高性能的蒸汽机安装在台车之上的铁路离不开轨道、铁桥、隧道、车站等的建设，从多个方面推进了工业和商业的发展。早期的铁路公司采取租赁线路的营销模式，从通行费中拿出一定比例作为租金按期支付给承建铁路的商人。商人通过出租轨道收取租金的方式，兴建了铁路基础设施。到了1825年，世界第一家铁路运营公司成立，运行区间是斯托克顿与达灵顿之间，这条全程21千米的铁路将英格兰东北部的达勒姆煤矿与北海连接起来。

第7章
欧洲商业的崛起

到了1830年，在棉纺织业的核心都市曼彻斯特与从加勒比海运来的棉花的终点港利物浦之间，建起了营业铁路。该条线路在运营之后的三年时间，平均每天运送乘客1100人以及大批货物，公司的业绩非常喜人，每年的分红达到8%~10%，股价上涨了3倍左右。当时国债的年息是3%左右，可见，铁路事业成为非常具有诱惑力的投资对象。

因此，19世纪三四十年代，英国迎来被称为"铁路狂潮"的铁路建设时代。英国铁路的总延长里程在1845年之后的10年间增长了3倍。既便利又赚钱的铁路建设随后迅速波及整个欧洲大陆，使欧洲各地经济联系更加紧密。例如，在伦敦与曼彻斯特之间，在第一次产业革命前的1750年，乘坐马车需要3天多才能到达。1815年英国人发明耐久铺路方法，路况大为改善。1830年，从伦敦到曼彻斯特所需时间不到20小时。到了铁路通车的1850年前后，通勤时间缩短到6小时左右。但是，铁路建设需要投入巨额资金。英国证券市场的出现是在19世纪40年代铁路热潮之后的事情。商人在第二次产业革命中把民间企业当成了大规模投资的对象。

欧洲各国建设铁路之时，英国企业提供了火车头、轨道等机械材料及相关技术。英国的钢铁企业发明了焦炭高炉、搅拌法和碾压精炼法等先进技术，19世纪50年代生产的铁，近40%出口到世界各地，极大地促进了各国铁路建设的发展。英国是在铁路热潮的背景下成为"世界工厂"的。铁路拉动了"英国统治下的和平"。

想要赶超英国的德国极力模仿英国的建设技术，大力压缩工程费用，从19世纪40年代到60年代，铁路网迅速扩张。

到19世纪下半叶，铁路和蒸汽轮船航线已经延伸到整个世界。1860年到1890年，铁路的铺设里程，欧洲增长了5倍，北美洲增长了6.5倍，而拉丁美洲增长了66.3倍、亚洲增长了41.4倍、非洲增长了36倍。可见，亚洲、非洲、拉丁美洲等地铁路网络迅速扩张。

人口向都市的集中推进了制造业的发展

铁路建设的快速发展带动了一系列相关产业的发展，推动了整个工业的迅猛发展，19世纪70年代至90年代，欧美国家进入了以重工业化学工业为中心的第二次产业革命阶段。工业的重心开始转向需要大规模设备投资的制铁、电机、合成化学、汽车等重工业化学工业，电力、机械、化学等新产业不断涌现。工厂设备的大型化促使设备投资规模不断扩大，由个人经营者开展自由竞争的时代走向终结，开始转向少数大企业垄断工业的时代。

具有自发调节能力的自由市场迅猛发展，世界商品市场、世界资本市场、世界货币市场开始形成。但是，基于个人和企业的经营合理性的市场既过于庞大又杂乱无序，反复出现的经济萧条破坏了人们的生活状态。因此，打着保卫公民生活旗号的政党、市民团体等，不得不对不利于健康发展的经济行为进行抵制。

多数学者认为，人们开始意识到上述种种现象并开始使用"资本主义"一词来概括，是从19世纪70年代开始的。在此之前，农业、商业、金融占据绝对优势，工业始终没有走出"风险事业"的领域。第二次产业革命才进入新知识不断涌现、技术不断被创新（技术和社会的革新、破旧立新）的时代，整个社会发生了巨变。

由于工业的大规模化，企业代替个人成为经济活动的主角（企业资本主义），承担有限责任的股份公司成为经济活动的核心角色。少数大企业为了确保互相之间的利益，开始结成卡特尔（企业联合）、托拉斯（企业兼并）等组织形式。

到了这一时期，从社会大众手中筹集资金然后贷给企业的银行、证券公司等推动着经济的发展，这些银行和证券公司开始持有企业的股份以及向企业派遣高层管理人员。企业发行股票以及股票交易的普及，资本主义经济开始向民间渗透，形成了庞大的资金流。此前的金融都是以购买国债等形式对国家的投资为中心，但是，伴随着工业的大规模化，对于民间企业的投资占比迅猛上升。也就是说，在第二次产业革命时期，欧美国家开始进入资本主义快速发展时期。

第二次产业革命和大型企业的出现

美国和德国等后发国家拥有大量廉价劳动力，充分地利用了第二次产业革命的技术创新和产业结构的变化，经济发展驶上了快车道。本来就不是制造业国家的英国迅速从"世界工厂"的地位上滑落下来。

美国经济学家亚历山大·格申克龙（1904—1978）对工业取得迅速发展的后发国家工业化的特征做了梳理：①利用先进国家的技术、引进外资，实现经济快速发展；②对生产资料进行重点投资；③以重工业为中心，扩大企业规模；④为了积累资本进行扩大再生产，牺牲了消费；⑤银行、政府发挥了重大作用；⑥"富国强兵"等促进工业化的意识形态发挥了一定的作用。

从19世纪70年代到90年代在欧美国家展开的第二次产业革命，促使工业大规模化，生产工序复杂化，产业领域也出现了明显的多样化。电动机、内燃机、合成染料、化学肥料等新技术集群开始涌现，此外，电灯、录音机、电话、家庭电器产品、汽车、铁路网、飞机、大型蒸汽轮船、冷冻船、冷冻货车、电影、彩色胶卷、合成染料、氮肥、塑料、炸药、药剂等涉及各个领域的商品也纷纷涌现。

钢铁、石油、电力成为支撑新的产业社会的基础材料。既坚固又柔软的"钢铁"被用于机械、船舶、摩天大楼、武器等各个领域；

石油被内燃机利用，催生了汽车、飞机的发明；爱迪生（1847—1931）在纽约的摩根集团总部首次发电成功，此后出现了白炽电灯、收音机、电影及其他产品。

英国经济学家阿尔弗雷德·马歇尔（1842—1924）认为，生产效率的提高并非仅仅是由企业规模的扩大带来的，产业整体的扩大起到了更大的作用。将多样化的产业进行巧妙地调整并不断扩大产品销路的是商业资本。可以说，工业分量显著增大的19世纪下半叶，商业也迎来了新的大发展时期。

大萧条①催生了帝国主义

1873年到1896年，由奥地利的维也纳引发的金融危机迅速波及欧洲各国，从而出现长期的"大萧条"。在这23年的时间里，欧洲的物价上涨率超过了30%。

美籍奥地利经济学家约瑟夫·熊彼特（1883—1950）指出，企业发起的创新成为资本主义社会发展的原动力，但是，创新过后可能会以反作用的方式出现萧条。大萧条是典型的经济动荡。引起大萧条的原因主要有两点，一是随着第一次产业革命的推进，欧洲的生产出现严重过剩；二是大量廉价农产品从殖民地流入，导致国内农民的购买力下降。

英国无法克服工厂设备的老化和企业经营规模小的弱点，其经济增长率，从19世纪60年代的3.6%下降到70年代的2.1%和80年代的1.6%，与此形成鲜明对照的是，德国、美国的经济增长率大约为5%。

丧失"世界工厂"宝座的英国对资本输出、扩大殖民地、从海外获取利息股息收入的依赖性不断增强，变成了金融业和服务业中

---

① 指资本主义国家经历的经济衰退和经济危机。——编者注

心。英国对美国、澳大利亚、加拿大、印度、阿根廷等国家的证券投资迅猛增加，其总额到1875年超过了10亿英镑，到20世纪初，达到了30亿英镑。

在这一背景下，英国与跃升为欧洲最大工业国的德国之间围绕瓜分殖民地、势力范围的斗争日益激化，加速了欧美国家瓜分世界的步伐。像这种利用武力强行扩大殖民地、势力范围的行为就是帝国主义行径。

值得注意的是，在这一时期，经过明治维新、文明开化，日本的资本主义开始迅速发展。日本成为亚洲唯一成功引入资本主义的国家，其原因主要有如下几个方面：一是作为岛国的日本较早地与葡萄牙、荷兰、英国接触；二是在江户时代发生过从都市扩展到农村的资本节约、劳动密集型的生产革命；三是通过"寺子屋"（私塾，大多设在寺院里）的形式平民教育得到一定程度的普及等。由明治时代的人们开辟出的日本式资本主义对于第二次世界大战结束之后的亚洲的资本主义发展产生了重大影响。

商人凭聪明才智将牛肉摆上了平民的餐桌

19世纪70年代以后，利用大量生产出来的钢铁建造出越来越多的大型船舶，世界由此进入蒸汽轮船时代。使用钢铁构件，采用预制施工方法，能够比较简单地制造连接各个大陆的大型船舶，载重数万吨的轮船被大量生产出来。钢铁比木材还要便宜，并且造船材料能够无限供给，所以，从1868年到1879年，蒸汽轮船的运输成本下降一半。欧洲与南北美洲之间、欧洲与亚洲之间都有了固定的航线，海洋资本主义取得了迅猛的发展。

在19世纪的欧洲，人口持续从农村流出，都市规模不断扩大，欧洲的人口增加了1亿。美洲大陆成为欧洲人口的接收地，耕地和牧场都得到了大规模的开发。

曾经以大量生产方式大规模种植甘蔗（生产砂糖）、棉花等经济作物的种植园被应用于生产生活物资，通过蒸汽轮船及冷冻船将小麦、牛肉等食品大量且廉价地供应到欧洲。特别是随着冷冻技术的进步和冷冻船的出现，生鲜食品的输送变成现实，商人的活动领域得到了显著扩大。在美国的西部、阿根廷等地的大牧场生产出来的廉价牛肉被大量供应到欧洲，满足了大众的需求。牛肉如今已经成为欧洲的代表性食材之一，但在19世纪下半叶才刚刚摆上欧洲人的餐桌。

欧洲人史无前例地漂洋过海迁往各地

在19世纪，有超过4000万人乘坐移民船及客船从欧洲迁往美洲大陆。美洲大陆进入欧洲化时代。大约有3600万的英国、德国平民迁往北美。美国的经济在欧洲大萧条的背景下迅速膨胀。

动画片《寻母三千里》在南美洲可以说家喻户晓。出生于意大利港口城市热那亚的少年马克，为了寻找去阿根廷打工、多年杳无音信的母亲，只身前往阿根廷，在克服重重困难、经历种种苦难之后终于实现了与母亲再会的愿望。由这部动画片讲述的故事可知，约有超过360万的意大利等拉丁族系的人迁移到了阿根廷和巴西等国。

并且，约有200万人从欧洲迁往澳大利亚、新西兰。还有众多的欧洲人迁往非洲、亚洲居住。像这种发生在19世纪下半叶的从欧洲迁往世界各地的大量移民，使整个世界都出现了欧洲化的现象。如今，正如荡秋千般游荡回来，欧洲正在受到移民、难民逆流入的困扰。

来自欧洲的移民在美国西部开辟农场、牧场，在巴西经营咖啡农场，在阿根廷经营牧场，为南北美洲种植园的扩大做出了不可磨灭的贡献。19世纪的大西洋成为欧洲人迁往世界的"民族大迁移之海"。

第 8 章

英国成为『日不落帝国』

由英镑纸币引发的世界经济大逆转

"英国统治下的和平"

19世纪，英国控制了国际金融、主导了产业革命和交通革命（铁路、蒸汽轮船）、通过铺设海底电缆和组建路透社构建连通欧洲、亚洲、美洲的信息网，打出了一套统治海洋和陆地的战略"组合拳"，成功地构建了从海洋伸向全球的霸权体系。

19世纪下半叶到20世纪初，英国构建了被称为"英国统治下的和平"（Pax Britannica）的英国居于绝对优势地位的国际秩序。"Pax"一词，来源于罗马神话中主宰和平与秩序的女神的名字，"Pax Britannica"是指英国成为世界秩序的主宰者。这种霸权地位的根基就是英国在拿破仑战争中培育起来的海军的绝对优势。英国凭借其海军优势将大西洋和印度洋变成了英国的海洋。英国凭借其雄厚的海军实力，推行了三大基本战略：一是控制世界的重要海上通道；二是控制着具有战略意义的航线和地域；三是阻挠对抗英国的同盟的成立。

英国设计的霸权体系与以前在欧洲出现过的各国之间的势力均衡体系不同，它是利用欧亚大陆各帝国的衰落，以海洋为纽带，将整个地球圈连起来的体系。英国首相本杰明·迪斯雷利甚至说过这样的话，"如果有必要，即使将英国的首都迁到印度也在所不惜"，这就充分说明，英国要构建一个远远超出欧洲乃至大西洋世界的覆盖全球的霸权体系。

人口仅占世界总人口3%的英国，凭借其卓越的空间拓展能力，控制着超过地球表面20%的区域，控制着约占当时世界总人口25%的人口，也可以说是一个奇迹。由英国一手缔造的海洋帝国，导致此前以欧亚大陆的陆地为中心的世界历史潮流出现了惊天逆转。这一逆转历史的潮流在第二次世界大战以后被美国继承下来直到今天。

英镑成为世界货币的原因

基于金本位制发行的英镑，一度成为英国统治世界的重要武器。在欧亚大陆最早出现的世界货币是"银币"，英国在19世纪颠覆了此前的世界货币体系，让英镑成为当时的世界货币。促成英镑成为世界货币的是罗斯柴尔德家族。那么，就让我们看一下罗斯柴尔德家族是如何颠覆世界货币体系、为英国的霸权奠定基础的。

1803年拿破仑战争刚爆发时，在英国，纸币的信用发生动摇，人们纷纷把手头的纸币兑换为黄金，大量黄金从英格兰流出。假如英国战败，纸币价值必然暴跌，人们将纸币兑换成黄金乃情理之中的行为。英国政府为了保住英格兰银行，停止金币与纸币的交换，导致英格兰银行的纸币发行余额猛增，通货膨胀不断加重。

为了应对这一局面，英国政府于拿破仑战争结束之后的1816年，通过制定《货币法》将金本位制法制化，铸造出每英镑含有约8克黄金的金镑金币，以此作为本位金币。金镑金币允许自由铸造自由毁坏，所以，金镑金币就是"黄金本身"，将其作为英镑流通，其目的就在于稳定英镑纸币的价值。1821年，作为与金镑金币的"兑换凭证"英镑纸币（兑换纸币）开始发行。

此后，英镑金币、英镑纸币开始在世界各地广泛流通，其原因主要有如下几个方面，一是英国在世界上无论是在政治方面还是在军事方面都处于绝对优势地位；二是英国的金融、商业引导世界经济，英镑大量用于贸易结算；三是英格兰银行为了维持英镑纸币与金币的正常兑换，审慎地运营金融；四是英国积极致力于扩大金融市场。

金本位制的最终结算手段是金镑金币，但是，金币运输非常麻烦，在安全方面也存在重大隐患，因此，逐渐地以英镑计价的票据开始用于国际贸易结算，最终的业务在英格兰银行处理。这与如今日本与中国的以美元计价的贸易结算最终在美国的银行处理是同一道理。

从白银向黄金的转换

世界的基础货币从亚洲的通货银币转为英国的英镑金币，英国的商人和金融从业人员由此获得了巨大利益。这是因为在世界各地流通的是大量的英镑纸币，而并非英镑金币。正因为如此，英国经济与世界经济出现了戏剧性的大逆转。

直到19世纪初，奥斯曼帝国、莫卧儿帝国、大清帝国等庞大帝国在世界经济中占有绝对优势。大航海时代从美洲大陆挖掘出来的大量白银，最终大部分流到了印度、中国。

英国虽然因为美国独立战争失去了北美殖民地，但是，凭借其硬实力（占有绝对优势的海军、强大的金融实力和工业实力）和软实力（新的都市型生活方式、足球等近代体育项目、饮茶、时装等文化实力）的巧妙组合，搭上了19世纪全球化的潮流（蒸汽轮船航线、铁路、海底电缆），以海洋为据点，侵吞着其他帝国的经济。

当时，英国巧妙利用了在美洲大陆和澳大利亚大量采掘的黄金，借助罗斯柴尔德家族的金融运作，成功地将关键货币由银币转换成金币，很快瓦解了其他帝国的经济体系。

如果金币成为本位货币，由于黄金的绝对量太少，那么英镑这一"与黄金的兑换凭证"自然而然地就作为世界纸币在全世界流通。

如前所述，18世纪在巴西产出的占当时世界采掘量80%的黄金基本上都流到了英国，19世纪在美国加利福尼亚、澳大利亚、俄国西伯利亚、加拿大与阿拉斯加等地接连出现淘金热，从1848年到1908年，世界的黄金产出量增加了100倍。为此，黄金的价格出现下跌，人们产生了黄金应有尽有的幻想。如今人们才知道，在整个世界史上，挖掘出来的黄金总量也只不过相当于填平三个奥运会游泳池那么多，但是，当时没有人知道这样一种事实。

英国成功地让身为金币"兑换券"的英镑纸币霸占了新的"世界货币"宝座，也就占据了经济上的绝对优势地位。

英格兰银行成为中央银行

1825年，金融危机波及英格兰银行，英镑纸币一度陷入危机之中。那时，罗斯柴尔德家族利用自己建立起来的遍布欧洲的"金融网络"，将"黄金"全部聚集到伦敦，将濒于破产的英格兰银行解救出来，捍卫了英镑纸币的信用。此后，罗斯柴尔德家族在银行内部的影响力显著增强。

英格兰银行本来只不过是英国众多民间银行中的一家，但是，由于它在英国历史上发挥的重要作用，1844年，英国首相罗伯特·皮尔（1788—1850，在位时间为1834—1835、1841—1846）政府出台了《皮尔银行条例》（对英格兰银行设立特许令予以修改的法律），将英格兰银行确定为中央银行，承认其具有英镑纸币的发行垄断权。此前英国许多地方银行都可以在当地发行纸币，英格兰银行被确立为"银行的银行"后，垄断了英镑的发行权。

当英镑作为关键货币的影响力得到加强之后，法国和德意志帝国（1871—1918）、中日甲午战争之后的日本、美国等纷纷由银本位制改换为金本位制。19世纪下半叶，金币（英镑）相对于银币具有绝对优势。英国不露声色地掌握了世界经济的霸权。

丧失货币宝座的欧洲的大量白银作为银块流到仍然推行银本位

制的中国、印度，欧洲商人利用与亚洲悬殊的银价差别赚了大钱。特别是在印度，欧洲流去的大量白银被用来购买棉花向英国出口。这与19世纪五六十年代的幕府末期从日本流出大量的黄金是同样的道理。

到了1884年，人们在南非的布尔人（荷兰人移民的子孙）建立的德兰士瓦共和国的威特沃特斯兰德山脉发现了大型金矿。德兰士瓦共和国政府宣布将这一地区收归国有，然后认可蜂拥而至的英国人采矿者划片采掘权，采用划区出租的方式进行管理。但是，1889年，在接近地表的地方发现了大片的黄金矿脉，德兰士瓦共和国一跃成为世界最大的黄金埋藏地。

这样一来，为了维护金本位制和英镑纸币，对于黄金垂涎三尺的英国发动了侵略世界最大黄金产地的战争（史称“南非战争”或“布尔战争”，时间为1899—1902）。无论如何也要把黄金抢到手的英国通过发行国债筹集战争经费，包括从自治领地召集来的援军在内共纠集了约45万人的大军投入战争。花费2.3亿英镑的巨额战争经费，对德兰士瓦共和国实行焦土战略。英国无视“这是一场帝国主义战争”的世界舆论，将布尔人建立的两个国家强行合并。为了确保世界霸权地位，英国必须确保自己拥有一定数量的黄金。

英国商人对美洲新兴国家大举投资

金融大国英国对于新兴国家美国以及从西班牙的殖民地获得独立的拉丁美洲各国积极开展投资。此举从对抗欧亚大陆的各帝国、巩固英国的经济基础来看，也是非常必要的。

罗斯柴尔德家族率先对美洲开展投资。拥有敏锐预见性的他们坚信，通过蒸汽轮船和电信与欧洲的联系日益紧密，缺乏资本、“资源和劳动力都非常便宜”的美国，无疑是绝佳的投资对象。

19世纪70年代，一场结构性的"大萧条"（1873—1896）席卷整个欧洲，以英国为首的欧洲各国纷纷将剩余资本投向美国。当时的美国正处于南北战争（1861—1865）结束之后，正在开展西部大开发和横穿大陆的铁路建设。19世纪70年代，美国具备了如下几个有利条件：①大西洋蒸汽轮船的正式通航，大量移民涌入美国；②欧洲由于大萧条失业者急剧增加；③在南北战争中，林肯推出了《宅地法》（主要内容是为五年之内实际从事西部开拓的人无偿提供约0.65平方千米的土地，目的是与西部各州结成伙伴）；④伴随着黑人奴隶的解放，对宪法做出修改，给予在美国出生的人美国国籍；⑤政府推行了扶植工业发展的政策。

19世纪70年代到90年代，正如马克·吐温（1835—1910）所嘲讽的"镀金时代"那样，美国进入了腐败横行的经济增长时代。

在国家提供了巨额补贴的基础上，横穿大陆的铁路顺利建成，石油产业、钢铁产业也快速发展，美国工业产值在很短时间内就超过英国，跃居世界首位。西部大开发也如火如荼地开展，到了1890年，美国的大部分土地已被开垦。

如前所述，积极地对美国开展投资的，是拥有庞大资金的罗斯柴尔德家族等财阀，但投资接收方是美国的摩根集团。摩根集团以罗斯柴尔德家族的雄厚资金为背景，控制了美国的金融业、铁路产业和钢铁产业，确立了其大财阀的稳固地位。罗斯柴尔德家族通过摩根集团对美国经济施加着重大影响。

从19世纪50年代开始，石油成为美国的主要产业。约翰·洛克菲勒（1839—1937）利用犹太人的资金，到19世纪末，以几乎垄断了美国所有石油的标准石油公司为中心，横跨银行、人寿保险、电气、钢铁、食品、化学等产业，成为紧随摩根集团之后的美国又一大财阀。

英国商人对巴西、阿根廷的投资

英国在维也纳体系之下积极对拉丁美洲各国开展投资活动。从西班牙的殖民统治中获得独立的拉丁美洲各国又开始遭受英国商人和金融财阀的经济统治。18世纪，在巴西的米纳斯吉拉斯采掘的黄金达到世界黄金总量的80%，但是，这些黄金基本上都用来购买英国用大型机器设备生产出来的棉布，大部分黄金流到了英国，这也是英国确立金本位制带来的好处。

1822年巴西获得独立，但是，英国商人对巴西的出口到19世纪50年代几乎翻倍。英国对巴西出口商品的大约一半都是棉制品。19世纪30年代咖啡豆在巴西广泛种植，面向因为独立战争无法细品红茶的美国出口。英国商人将英国的机制棉布、巴西的咖啡豆、美国的棉花组合在一起，通过这种三角贸易赚取高额利润。英国把机制棉布出口到巴西，把巴西的咖啡豆出口到美国，把美国的棉花进口到英国。

英国投资的主要去处就是农业得到迅猛发展的阿根廷。从1870年到1890年，大批拥有了相当财富的欧洲人迁往阿根廷，这一期间阿根廷的人口实现了翻番。在阿根廷，由于人口的迅猛增加，道路、铁路、上下水道等基础设施的投资需求猛增，投资从大萧条之中的英国涌向阿根廷，几乎达到了投机的程度。

1889年，英格兰银行、德意志银行开始警觉到对外国的过度投资可能带来的风险，急剧上调贷款利息，已经对阿根廷过度融资的英国显赫的金融家族巴林濒临破产（巴林危机）。巴林家族虽然幸免于难，但是在伦敦金融街的地位显著下降。给予巴林危机出手相助的也是罗斯柴尔德家族。罗斯柴尔德家族与法兰西银行、德意志银行等联手将巴林家族从危机中解救出来。

铁路、蒸汽轮船、电信的商业化利用

世界博览会和百货公司的出现

19世纪下半叶，由于铁路、蒸汽轮船、海底电缆的商业化利用，全球化迎来全面推进的时代。英国作为"大航海时代"的受益者，承担了全球化引领者的角色，凭借其强大的军事实力、资本实力以及谋划能力等，利用波及整个地球的全球化确立了欧洲的霸权地位。有史以来长期持续的亚洲对欧洲的绝对优势发生了戏剧性的逆转。其标志性的事情就是长期占据了世界经济一大半的超级大国中国和印度的优势在短时间内被瓦解，并且被纳入世界市场之中。

另外，由于第一次产业革命，工业产品的产量迅猛增加，世界市场规模不断扩大，如何把在工厂生产出来的各种产品高效率地推销出去，并且卖个好价钱，成为商人面临的新挑战。为此，宣传和广告被派上了大用处。世界上第一家广告代理商是1800年前后在英国成立的。它的主要业务是买下报纸的广告版面，收取手续费将商品推销出去。

1851年在伦敦的海德公园举办的第一届世界博览会让欧洲人认识到工业社会已经到来。用大块玻璃拼装而成的巨大展览馆（水晶宫）博得了人们的好评，之后每隔两年在纽约、巴黎轮回举办。将工业产品及各种制品集中展示的博览会，给商人提供了开发新的商业形态的启示，那就是将在市场上流通的商品都摆在一个大的建筑物里集中展销的"百货公司"。也就是说，消费者想要购买的商品都明码标价摆在一起，成为"资本主义经济的索引"。为了控制商品的销售成本，将价格谈判业务分离出去，所有的商品都按照定价进行交易。1852年，世界第一家真正的百货公司——乐蓬马歇百货公司在巴黎正式营业。此后，百货公司经营模式被推广到整个欧洲。

英国利用"帝国航路"控制沿岸商业

英国为了支撑连通全球的物流体系，必须具备两个条件，一是构建稳定的蒸汽轮船网络；二是把战略要地变成英国的殖民地。无论是在大西洋还是在太平洋由商人经营的民间轮船公司，英国政府都以运送公文等邮件的名义发放补贴，将航线的运营权交给商人，因为这些商人对此已经轻车熟路。英国控制了苏伊士运河、马六甲海峡等，将沿岸经济体联系起来。英国的"帝国航路"，将遍布各地的商人的能量巧妙地组合在一起。即使在今天，这条航路仍是世界经济的大动脉之一。

陆军力量薄弱的英国为了统治殖民地，充分利用各种信息大搞谍报战，巧妙地利用各帝国的内部矛盾及弱点瓦解亚洲的传统社会，还不惜一切手段挑唆各殖民地之间的矛盾。虽然英国对殖民地的统治采取"分而治之"的方式，但是，英国还充分利用各殖民地内部各阶层之间、地区之间的对立，甚至故意煽动制造混乱，通过怀柔政策延续濒临崩溃的传统社会等，针对每个地区构建了低成本的统治体系。英国为确立自己的霸权地位，还充分利用网球、足球、橄榄球、高尔夫球、马球、赛马等活动增强国家的影响力，积极开展教育、留学等活动。

从经济方面来看，英国打着"自由贸易"的旗号剥夺他国的关税自主权，遏制他国的产业发展，保持本国的工业优势，构建了低价进口粮食和工业原料的贸易体系。自由贸易实质上是让工业尚未发展起来的国家变成附庸自己的经济体系。

19世纪，以英国为首的欧洲国家通过侵略亚洲、非洲和大洋洲的国家，建立殖民地，构建了殖民地经济体系。

环球一周的时代是商业全球化的时代

1869年，横穿美洲大陆的铁路建成通车，苏伊士运河开通，形成了连接陆地与海洋的运输网络，实现了运输的高速化、稳定化以及成本的大幅削减。

换乘铁路与蒸汽轮船的"环球一周"的旅行也成为现实（迎来"环球一周的时代"），英国的旅行代理商托马斯·库克公司策划了世界最早的环球一周背包游。2019年9月，托马斯·库克公司在与在线旅游公司的竞争中落败，不得不宣布破产，此消息一经公布，立即传遍世界。托马斯·库克（1808—1892）于鸦片战争中的1841年，在世界上首次组织了禁酒提倡者的团体游；1851年，他成功组织24万人的游客参加伦敦举办的第一届世界博览会，该公司从中大赚了一笔。

法国的儒勒·凡尔纳（1828—1905）从托马斯·库克公司开展的上述活动中得到启示，于1872年完成了探险小说《八十天环游地球》。小说的故事情节是英国上流社会的绅士菲利亚·福格与管家一同尝试环球一周的探险最终取得成功，但在当时来看还是异想天开的故事。欧洲人已经有了以世界为生活舞台的意识。

1851年德裔犹太人保罗·路透（1816—1899）在伦敦创立了路透通讯社，将通过电信收集到的亚洲和美洲的正确"消息"当作商品发布并从中赚取利润。在当时的欧洲，英国、法国、德国各有一家由犹太人办的通讯社，三家通讯社通过缔结合作协定划分活动区域。与霸权国英国的对外活动有着密切关系的亚洲和美洲的消息，由路透通讯社独家发布。路透通讯社的信息成为英国开展商业和金融活动的重要依据。

英国控制了"咽喉要道"

浩瀚无垠的海洋占据了地球表面70%的面积，英国凭借其强大的海军实力创建了覆盖全球的大市场，为开发蒸汽轮船的世界航线倾尽了全力。19世纪六七十年代，帆船向蒸汽轮船转换，英国通过技术创新，将海上运输成本下降了一半。第二次产业革命以后，英国利用廉价的钢铁采用预制施工方法，数万吨位的大型船舶被不断建造出来。英国通过对船舶发动机的改良、螺旋桨的推广应用等，商人的活动领域得到了迅猛扩展。

连接欧洲与亚洲的英国半岛—东方航运公司的蒸汽轮船航线定期开通，成为英国侵略亚洲的干线航路（"帝国航路"）。

19世纪50年代，全球海上运输的货物总量约为400万吨，80年代增加到1800万吨，大批欧洲人从欧洲迁往世界各地。欧洲的文明及生活方式扩展到世界各地。1850年以后的60年间，仅仅迁徙到美洲大陆的欧洲移民大约就有3400万人。

在这一背景下，对于英国来说，控制住从战略上来看非常重要的被称为"咽喉要道"的海上航线成为关键。英国历经如下过程掌握了控制权。

先是控制由荷兰控制的马六甲海峡。英国在法国大革命和拿破仑战争时期趁着荷兰日渐衰弱的机会，将马来西亚、新加坡的殖民地组织起来，利用荷兰被拿破仑军队占领的时机，将马六甲海峡置于自己的控制之下。1819年，英国的托马斯·斯坦福·莱佛士（1781—1826）提出将新加坡作为自由贸易港来开发。

然后是控制连接地中海和红海的苏伊士运河。法国外交官、技术专家斐迪南·雷赛布（1805—1894）在得到埃及总督赛义德·帕夏（1822—1863）的支持之后，着手开凿苏伊士运河。1858年，万国苏伊士运河公司成立，公司的资本主要来自法国，埃及总督也提供了部分资金和全部劳动力。1869年，苏伊士运河正式通航。整个工程历时十年，参与者克服了重重困难。建造工程投入了大约1亿美元的资金，还必须及时疏通修补地处沙漠之中的水路，这项费用累计高达建造费用的3倍。

苏伊士运河的开通，使得伦敦到印度的孟买的通航距离缩短了5300千米，通航时间缩短了24天。英国与印度之间的距离缩短到此前的三分之一，欧洲各国侵略亚洲的步伐明显加快。

1874年，在通过苏伊士运河船舶的总吨数中，英国船舶占了73%。英国对苏伊士运河早已垂涎三尺，而意想不到的机会降临到英国头上。美国南北战争时期，棉花的价格暴涨，埃及总督为了扩大棉花的栽种面积投入了巨额经费。但是，美国南北战争结束之后，棉花的价格暴跌，埃及财政状况急剧恶化。1875年，埃及总督急于抛出政府持有的44%的股份。但是，法国刚刚在普法战争中被普鲁士打败，要为德意志帝国支付巨额的战败赔款，根本不可能拿出购买苏伊士运河股份的资金。

英国首相迪斯雷利获知苏伊士运河股份要被抛售的绝密情报之后，当即决断无论如何也必须将其买下，他既没有与保守党派的其他成员商量，也没有与议会成员商量，独断专行地从犹太财阀罗斯柴尔德家族借入4000万英镑的巨额资金，将埃及总督抛售的股份全部买下。因为迪斯雷利认为如果找英格兰银行筹措这笔巨资的话，要办理繁杂的手续很可能错过良机，就直接向罗斯柴尔德家族开口借钱。

据说，当罗斯柴尔德家族向迪斯雷利提出拿什么做抵押的时候，迪斯雷利当即回答"拿英国做抵押"。罗斯柴尔德家族为大英帝国统治世界提供了巨大的财力支持。英国通过控制苏伊士运河和马六甲海峡，构建了控制欧亚贸易的坚固体系。1910年，航经苏伊士运河船舶总吨数的60%以上都是英国船舶。

英国对印度开展合营管控

英国东印度公司进口的印度产棉布取代毛织品在大西洋市场的热销，英国从印度进口棉布的数量迅猛增大。从18世纪四五十年代，英国由于进口棉布向印度支付的白银增加了4倍。英国为了弥补由此造成的白银不足的局面，寄希望于把英国的机制棉布出口到印度。1813年英国解除了东印度公司的贸易垄断权，1833年全面停止了东印度公司的商业活动，东印度公司的孟加拉总督变成了统辖印度政府部门的印度总督。

这样一来，英国商人向印度出口机制棉布量大增，印度由棉布的出口国变成了进口国。随后，英国又将国内的机制棉布与印度的鸦片、大清帝国的红茶连接起来，通过亚洲的三角贸易让亚洲经济出现颠覆性的大转变。

英国的机制棉布大量出口到印度，给印度的棉纺织产业造成致命性的打击。英国将孟加拉地区栽种的鸦片大量出口到大清帝国，再用出售鸦片得到的白银从大清帝国购买英国人极其渴望的红茶。拥有悠久历史的印度棉纺织业，被大批量、零关税、价廉的英国机制棉布业在短时间内彻底摧毁。英国对外大搞殖民统治、对内积极开展技术创新，成为英国称霸世界的强有力武器。在英国极力推行自由贸易的背景下，1833年东印度公司将其占领的殖民地移交给国王，停止所有的商业活动。随后，英国商人开始大举进驻印度。

由于英国机制棉布犹如洪水般地向印度出口，孟加拉地区的棉纺织业受到致命性打击，有一大批丢掉了饭碗的匠人被饿死，当地人口从15万骤降至3万~4万。1835年，印度总督威廉·本廷克（1774—1839）向英国发回的报告中说，因失掉工厂而死亡的棉布工人的骨头把平原变成了白茫茫的荒野。以往的商业历史中从未出现过如此悲惨的境况。

东印度公司利用印度佣兵，趁着莫卧儿帝国的分裂和混乱，历经100年的时间完成了对印度的侵略。东印度公司通过前后多达四次的迈索尔战争（1767—1769，1780—1784，1790—1792，1799）占领了地处印度南部的迈索尔地区，通过三次战争击败了德干高原西部的联合组织马拉塔联盟。随着东印度公司统治范围的不断扩大，印度各地的反抗也不断加强。

由于莫卧儿帝国统治日渐衰落，帝国陷入分裂和混乱状态，英国趁机采取各种手段加速莫卧儿帝国的衰亡。

随着英国海外殖民地的不断扩大，各殖民地起用英国官员的进程也在不断加快。

1853年以后，印度文官制度开始实行。到20世纪20年代初期，印度在平时状态下被东印度公司安排了超过1000名来自英国的文官，但俸禄由印度负担，英国通过直接统治和间接统治的相互配合，统治着超过2亿人口的印度。顺便说一下，在英国本土，文官通过考试录用的制度是从1870年开始的。

随着英国的武装干涉和殖民统治的强化，印度人的反抗也不断增强。这种反抗情绪因为东印度公司强制印度佣兵使用恩菲尔德步枪而爆发。1857年，被称为"佣兵叛乱"的印度独立战争爆发。但是，结果却酿成了悲剧。叛乱军队集结到德里，拥戴已经丧失印度统治权的莫卧儿帝国的已经82岁的老皇帝巴哈杜尔·沙为首领，1859年，"叛乱"遭到镇压，巴哈杜尔·沙在流放地缅甸病死。莫卧儿帝国彻底灭亡。

1858年，根据维多利亚女王颁发的特许证，渣打银行在印度、中国、新加坡等开设办事处，为英国的殖民统治提供金融支持。

后来，英国建立印度帝国，首相迪斯雷利支持维多利亚女王成为印度帝国的皇帝。印度帝国采取了由英国的直辖州和550多位王公组成的"合营公司"的形式，但实质上是由英国人担任当地的印度总督以及英国的驻军等实行统治。维多利亚女王被推上皇帝宝座，英国将印度帝国变成大英帝国的一个组成部分。

鸦片生意瓦解了大清帝国的经济

在英国，第一次产业革命以后对红茶的需求猛增，从唯一的茶叶出口国大清的红茶进口急剧增加。但是英国并没有足够的白银购买所需的红茶，贸易的均衡难以维持。

17世纪末，英国的红茶年均进口额大约2万英镑，但是到了1721年超过了100万英镑，1757年达到400万英镑。红茶占到英国从亚洲进口商品量的40%。但是，"大航海时代"以来，世界的白银作为丝绸、瓷器等的货款都流到了大清帝国，英国再想筹措白银是件相当困难的事情。

英国将在孟买栽种的鸦片运进广州以缓解白银短缺的困境。大清帝国从印度进口的商品中，大约40%都是鸦片。鸦片极易使人上瘾，很快地，大清帝国吸食鸦片的人数就达到数百万人，鸦片的进口量从1800年到1838年增加了9倍。作为鸦片货款的白银从大清帝国大量流出，银价暴涨了2倍以上。大清帝国采取行动取缔鸦片贸易，但是，由于鸦片战争（1840—1842）的失败，白银的流出无法遏制。

在"地丁银"制度的背景下，将粮食作物卖给商人、用白银纳税的农民的生活猛然变得异常艰难。由于白银短缺，银价的暴涨与增税是同样的结果，农民的穷困已经到了令人绝望的地步。各地农民起义频发，太平天国（1851—1864）的农民军占领了中国的南半部，大清帝国统治体系迅速瓦解。趁着这一时机，英国、法国、俄国开始侵略中国。

1854年，英国将上海的海关置于英、法、美三国共同管辖之下。1856年，英国和法国一同发起第二次鸦片战争（1856—1860）。1860年英法联军侵占了北京。

到了1865年，经已经在鸦片生意中大赚特赚的英国人之手，香港上海银行（如今英国最大的银行之一——汇丰银行的前身）成立，成为鸦片商人建立的沙逊洋行、怡和洋行等在殖民地获得的利润向英国汇款的银行，香港上海银行还发行了货币。幕府末期活跃在日本长崎的苏格兰军火商汤玛斯·葛洛佛（1838—1911）就是怡和洋行的日本代理人。以坂本龙马（1836—1867）为队长的"海援队"（贸易公司）就是在葛洛佛与萨摩、长州两藩之间的军火贸易中牵线搭桥的。

俄国趁第二次鸦片战争之机，凭借其陆军实力入侵大清帝国，抢夺了黑龙江以北的大片土地，并且还强迫大清帝国割让了沿海州县。

为了对抗俄国，英国凭借其海军实力，根据鸦片战争之后强迫清政府签订的《南京条约》，强迫清政府开放国内市场。英国为了让清政府不能设定保护关税而强迫清政府给予其关税协定权。

英国为了扩大其工业制成品的销售打着自由贸易的旗号，剥夺他国的关税自主权，扩大以3%至5%的低关税率就能出口的本国产品的市场。19世纪上半叶，奥斯曼帝国、大清帝国、伊朗、暹罗（泰国）、日本等国纷纷丧失了关税自主权，成为英国商品自由出口的大市场。

非洲被欧洲列强瓜分

广袤的非洲大陆因各部族之间的矛盾无法弥合而处于分崩离析的状态，欧洲各国趁机把非洲瓜分为它们的殖民地。以1884年至1885年的柏林会议为契机，欧洲列强瓜分非洲的进程明显加快。1900年前后，除了埃塞俄比亚、利比里亚，非洲其他地区均被欧洲各国瓜分完毕。

欧洲各国无视非洲的历史，根据自己国家的喜好和实力，随心所欲地划分非洲各地的分界线。在大航海时代西班牙对美洲的侵略以及欧洲各国对非洲的瓜分，都是欧洲人在自己"高人一等"的理念驱使下采取的行为。

导致欧洲各国大肆瓜分非洲的导火线，是围绕非洲大陆中部的刚果河流域出现的国际纠纷。1878年，美国记者亨利·斯坦利（1841—1904）对刚果河流域开展探险之后指出了该领域在经济上的重要性。不久，比利时国王利奥波德二世（1835—1909，在位时间为1865—1909）开始策划将刚果变成自己的殖民地。他聘请斯坦利组织刚果研究委员会，以开展学术探险为幌子与原住民的酋长签署协议，在刚果开设了20处据点，在做好了各种充分准备之后，1883年比利时宣布刚果自由邦成立。

英国和葡萄牙当即宣布强烈反对比利时的单方面行动，早就怀有在非洲获取殖民地野心的德国首相俾斯麦（1815—1898，在位时间为1862—1890）出面调解，在14个国家参与的情况下，从1884年11月开始的、长达100多天的柏林会议召开。

在柏林会议上，参会的欧洲各国着手制定瓜分非洲的规则。最后达成的协议是，欧洲各参会国将非洲定性为"无主之地"，把"先占权"作为瓜分殖民地的规则，对非洲进行瓜分。

在瓜分非洲时起到核心作用的是英法两国，这两个国家围绕瓜分非洲的主导权展开了激烈角逐。1898年，英国入侵埃及南部的苏丹，实施将埃及与南非的开普敦殖民地连接起来的"纵断政策"。法国实施的是从阿尔及利亚横穿撒哈拉沙漠直到非洲东海岸的"横断政策"。

1898年，英法两国的军队在苏丹的法绍达地区发生冲突，但是，1899年法国做出妥协，英国单独占领苏丹。

欧洲军队在镇压非洲人反抗侵略的斗争时使用的是机关枪。英国派遣侵略苏丹的霍雷肖·基钦纳（1850—1916）将军率领了用大炮和机关枪武装起来的最精锐的军队，在1898年的乌姆杜尔曼战役中，马赫迪国的1.2万人的精锐部队在短短数小时之内被全部歼灭，而英军的死亡人数为47人。欧洲国家利用强大的军事力量达到了瓜分非洲的目的。

英国的大洋洲殖民地

将澳大利亚变成自己的殖民地成为英国入侵南半球的核心目的。英国与法国在北美洲抢夺殖民地的竞争告一段落之后，又展开了抢夺大洋洲殖民地的竞争。法国人在和印第安人战争中被英国打败后，又将侵略的矛头对准了大洋洲。据说，当时在南半球的高纬度海域有块"未知的南方大陆"，法国试图率先找到并将其变成自己的殖民地。英国为了粉碎法国的这一企图，凭借其强大的海军组织前往南太平洋的探险队，将詹姆斯·库克（1728—1779）经过两次航海探险发现的澳大利亚和新西兰变成殖民地。

在古代的地中海世界，人们虽然知道高温的赤道海域，但对"南半球"并不了解。人们认为"北半球"有很多陆地，"南半球"理应也会有广阔的大陆。有人还给那片未发现的大陆起了一个意为"南方的大陆"的名字"Terra Australis"（这也是"澳大利亚"一词的由来）。

公元2世纪，罗马帝国的天文学家、地理学家克罗狄斯·托勒密（约83—约168）所描绘的《世界地图》，将非洲向东延伸与中国相连。也就是说，印度洋被描绘成了欧亚大陆与未知的"南方的大陆"之间的内海。大航海时代以后，探险家组织了多次航海活动试图找到这片"南方的大陆"。但是，经由美洲最南端的麦哲伦海峡刚一进入太平洋，就会遭遇北上的秘鲁寒流和强风，直接向西航行变得极其困难，所以，对于"南方的大陆"的探险一直没有取得进展。

1642年，荷兰航海家阿贝尔·塔斯曼（1603—1659）接受巴达维亚（今加尔各答）总督的命令，为了找到"南方的大陆"，从南纬50度航行到南纬42度，发现了"塔斯马尼亚岛"，随后又发现了新西兰。塔斯曼根据荷兰南部有一个叫泽兰（Zeeland）的地方，给这片土地起了一个"New Zeeland"的名字，后来按照英语来表示就变成了"新西兰"（New Zealand）。新西兰在很长的一段时期都被人们认为是"南方的大陆"的一部分。但是，1770年，根据英国人詹姆斯·库克通过对经度纬度进行科学的观测，得出了它与澳大利亚不在同一片陆地上，而是另外一处岛屿的结论。

澳大利亚成为英国新的发配流放犯人的殖民地。1788年，一拨英国流放犯在悉尼定居下来。从19世纪20年代到80年代，从英国发配过去的流放犯奠定了今天的澳大利亚人口的基础。另外，牧羊业成为支撑英国毛纺织业发展的重要产业。

从1830年到1850年，澳大利亚对英国的羊毛出口额由200万英镑增加到4100万英镑。1850年，英国进口羊毛的43%都来自澳大利亚。到了1851年，人们在澳大利亚新南威尔士州和维多利亚州先后发现了金矿，引发了淘金热，从亚洲等地有超过100万的移民迁入。

第 9 章

美国资本主义的形成

由大规模移民建立起来的大陆国家

美国自独立之初就已呈现分裂状态

1783年，北美洲的13块殖民地从英国的统治中独立出来，建立了新的国家——美国，其东部为商业和金融业发达区域、北部和西部为小规模农业区域、南部为种植园区域。到了19世纪，大量的廉价移民劳动力、欧洲的资本和技术不断流入美国，在矛盾频发、反复试错的过程中，美国经济社会的发展开始有了起色。但是，直到19世纪上半叶，美国仍然是一个产业没有发育成熟的农业国，出口（以棉花为主）的50%、进口（以棉织品为主）的40%都要依赖英国。

美国在拿破仑战争中采取中立的立场，面向英国人发行了1500万美元的国债，于1803年从拿破仑那里买下了路易斯安那，国土面积一下子增加了两成多。

1845年，美国南部的种植园主将墨西哥的领地得克萨斯分离出来并纳入美国版图，经过1846—1848年的美墨战争，美国获取了加利福尼亚、新墨西哥等墨西哥大约三分之一的领地。19世纪下半叶，美国成为连接大西洋和太平洋的大陆国家。

在当时贫民占人口的绝大多数的美国，犹太人掌握了商业和金融业的主导权。这些身为商人的犹太人把美国看作能够自由活动的新天地纷纷迁居到那里，并且与他们在欧洲建起的网络连接起来。犹太人结合欧洲的商业资本，在美国开设银行、开发不动产等。

德国经济学家桑巴特指出，"北美洲的农民从很早就接触到了旧世界的货币乃至信用经济。所有的生产关系都已经预先建立在近代生产力基础之上。资本主义的组织、资本主义的精神渗透到美国经济中，可以说是始自移民进入美国的第一天。为什么这样讲呢？

最初的商业主义的细胞很快就成长为涵盖一切的组织"。

没有匠人的美国生产的廉价工业品

在美国，来自欧洲等地的移民成了劳动力。自美国独立后，在总人口中新移民所占的比例，1830年为11.7%，19世纪40年代达到23.3%，50年代达到31.1%，但是，掌握了技术的匠人极少。由非熟练工人组装标准化的零部件的大批量生产的方式（美国式制造方式）在美国兴起。总之，他们生产出来的产品既便宜又粗糙，出口量很小，基本上都是面向国内市场。发明家伊莱·惠特尼（1765—1825）于1793年设计制造出轧棉机，可以很快将棉花"芯"剔除，大大促进了南方棉花种植园的发展。到了19世纪初，对于西部大开发的开拓者来说，枪支弹药成为其不可或缺的必需品，惠特尼的发明使枪支的生产实现了规格化，零部件的互换变得简单易行，从而实现了枪支的大批量生产。即使在今天，枪支的生产仍然是美国的重要产业之一。

除此之外，面向开拓者的马蹄铁、钉子，结实耐穿的衣服、鞋子等具有实用性的产品的产量迅速提高。在1851年举办的伦敦世界博览会上，美国的工业产品以便宜且实用的特点博得了欧洲人的好评。

美国中央银行被关闭

对于刚刚实现独立的美国来说，最大的问题就是作为"经济的血液"的货币的发行。因此，因拥有大量犹太人以及来自英国的移民而资金实力雄厚的美国的东部地区，与美国中西部、南部的农业地区之间围绕美国的未来如何设计产生了截然对立。美国开始出现分裂为"两个美国"的苗头。

　　根据第一届联邦议会做出的决议，1791年，拥有美国统一货币美元的发行权的中央银行——美国合众国银行（美国第一银行）在费城成立，它在东部沿海的主要都市开设了分行。开办银行所需资金，政府出资20%，其余的由纽约的银行和欧洲的犹太人开办的银行分担。

　　对此，主张货币的发行权应该掌握在各州政府手中的人认为，应该在各州政府的指导之下进行地域开发，他们对于设立美国合众国银行表示坚决反对，对拥有美元发行权的美国合众国银行的活动年数设定了20年的最高期限。

　　到了1811年的时候，美国合众国银行的20年期限已满。从那以后，由各州许可设立的120多家银行各自都发行了美元纸币。但是，英国利用拿破仑战争的间隙想要把加拿大变为自己的殖民地，导致了美英战争（1812—1815）的爆发。美国为了筹集军费，于1816年成立美国第二银行。美国第二银行充其量是一家管理联邦政府税收的民间银行，美元的发行权仍然掌握在各州手中，有相当数量的州对东部的都市怀有抵触情绪。

　　1817年，实行会员制的纽约证券交易所成立，但美国是新兴国家，其证券交易的规模仍很小。当时股民经常在一家名叫"唐提"的咖啡馆里进行交易，会费是25美元。与最早时候的伦敦证交所一样，纽约的证交所也是从咖啡馆开始的。就连25美元的会费也付不起的股票经纪人们就在华尔街的人行道旁进行股票的交易。在此基础上，美国的场外交易市场以及柜台市场开始出现。

平民主义的总统和美国的独自体系

　　美国民主党创建者之一、第7任总统安德鲁·杰克逊（1767—1845，在位时间为1829—1837）出生于田纳西州爱尔兰移民家庭，出生之前父亲就已去世，他通过不懈奋斗而出人头地，是一位颇受民众拥戴的总统。据说，1833年杰克逊连任总统的时候，有2万多名支持者蜂拥赶到白宫门前的广场，一边喝酒、一边敲锣打鼓，以示庆祝，折腾了一个通宵才肯散去。

杰克逊满足农民大众的愿望关闭了美国第二银行，将政府的高级官员全部改换为民主党员，推出《印第安人迁移法案》，收回东部印第安人的土地，强迫他们迁往密西西比河以西的居留点。美元纸币的发行权也转移到各州的银行。

设立银行很容易能获得州政府的许可，银行可以发行美元纸币和放贷获得利息。1836年，美国联邦政府为了遏制纸币发行的乱象，宣布在购买公有土地时，必须用金币、银币或者是能够与黄金、白银相兑换的银行券付款，但是，纸币滥发的势头仍在持续。在南北战争前的美国，大约有1.6万家银行，发行大约7000种美元纸币，大约有5000种伪造纸币充斥市场。

在这种状况下，美国开始使用购物卡。19世纪下半叶，有一种名叫"弗兰克"的纸质购物卡被用于支付通信、邮寄的款项。在幅员辽阔的美国，消费者分散在相隔很远的不同区域，商品的销售难以进行，商人和金融从业人员吃尽了苦头。列察克·胜家（1811—1875）开设的缝纫机公司在19世纪中叶因允许消费者分期付款而获得成功，其销售额显著增加。到了19世纪70年代，商人开始制作商品销售目录，消费者可以从商品销售目录中选购自己中意的商品。但是，购物卡和分期付款销售得到推广还要等大约100多年后汽车普及之时。

当时，国际贸易的结算还必须使用英国的英镑，美国还是典型的后发国家，美元在国际上尚未被认可。

在政治方面也是如此，杰克逊总统采用的是政党分赃制，在美国大选结束之后安排执政党骨干占据政府的各个职位。其结果是，在选举的时候为候选人提供了巨额资金的商人占据了美国的执政部门，政治腐败愈演愈烈。

从美国与英国的关系来看，由于美国第二银行被关闭，此前美国各州凭借该银行的信用发出去的债券再也不能用来从该银行借款，有相当多的州停止为发出去的债券支付利息。各州发行的债券的购买者大都是英国人，他们对于美国的此种做法极为不满，导致他们在美国的投资急剧下降。

19世纪中叶，在纽约等大都市，股市的"卖空"（当某种股票价格看跌时，该股票投资者从经纪人手中借入该股票抛出，日后若该股票价格果然下跌，便再以更低的价格买进该股票归还经纪人，股票投资者从中赚取差价）非常普遍，金融投机盛行。银行积极向证券公司融资，证券公司以客户预存的证券作为从银行融资的担保，这种被称为"通知贷款"的方式得以普遍采用，社会大众很容易地就可以获得投机资金。所谓"通知"是指银行无论任何时候都可以通知（要求）借款人还款。如果股票投资者用于担保的证券的价格下跌的话，证券公司就会要求股票投资者追加保证金，如果股票投资者没有这样做，证券公司就可以把其预存的证券卖掉。

美国南北战争

随着美国西部地区人口的迅猛增加，在美国西部设立的州的数量也在增加，这打破了工业化加速推进的北部与依赖农业的南部的政治均衡，南部的处境越发不利，此前在拥有财富方面处于绝对优势的南部种植园主的政治优势日渐丧失。因此，美国南部的11个州屡次提出从美国联邦分离出去的要求，但是，均被林肯总统（1809—1865，在位时间为1861—1865）驳回，即使诉诸战争也要脱离联邦的南部毅然决然挑起了南北战争（1861—1865）。

美国独立战争实际上是主张自由贸易的南部11个州谋求独立的战争。这11个州都是棉花的主要产区，生产出来的棉花大部分出口英国，因而美国南部与英国经济的关系非常密切。但是，美国联邦政府一直对棉花出口征收即使从全世界来看也是最高的保护关税，并将其作为美国主要的财政收入之一。

美国南部各州主张实现独立，拥有自由退出联邦的权力。但是，林肯总统担心如果南部独立出去，依靠棉花的出口获得的资金收入就不再归美国联邦政府掌握，因而失去了重要的财政收入来源。这才是南北战争的真正原因。这场战争持续了5年之久，大约有62万人战死，即使在整个世界史上也是最大规模的内战之一。

为了筹集巨额的战争经费，林肯总统迫不得已发行被称为"绿背"（背面用绿色油墨印刷）的纸币，以此弥补1.5亿美元的战争经费缺口。但是，此举剥夺了金融机构的美元发行权。1865年，林肯总统遭到刺杀。1875年，美国国会通过《恢复硬币支付法案》，授权美国财政部于1879年1月1日起，用黄金回收绿背纸币，美元的发行权重归民间银行。

1862年，林肯总统应西部各州的请求推出了《宅地法》。该法规定，凡一家之主或年满21周岁且从未参加叛乱的美国公民及申请加入美国国籍者，可向土地局申请占有不超过160英亩（1英亩约等于4047平方米）的尚未处理的公共土地。此举在欧洲卷起了贫苦大众向美国的"移民热潮"。只要凑够移民所需费用，远渡美国，付出数年辛苦就能成为大地主，这一"美国梦"迅速传遍正处于大萧条之中的欧洲，移民大国美国迎来了粗放式发展的时代。

与欧洲的大萧条形成鲜明对照的美国西部大开发

横穿美国大陆的铁路建设和大量移民的涌入

美国南北战争结束后，西部的市场化加速推进，西部未开垦的土地到1890年所剩无几。如前所述，在欧洲的大萧条时代，美国西部成为英国的剩余资本和欧洲失业者的最佳去处。

在这一时期，数额庞大的资本从深受经济低迷困扰的英国流到美国，美国政府为民间的铁路公司无偿提供大片公有土地（1851—1871年共提供了1.6亿英亩），通过发行州政府债券、铁路债券等提供建设资金，免除建设铁路所需机械材料的进口关税，为铁路建设提供各种便利条件，顺利建成了四条横穿大陆的铁路，促进了工业的快速发展。

美国政府向铁路公司无偿提供土地的做法到1871年被叫停，美国政府征收的全部土地中，大约9%无偿提供给了铁路公司，其中的四分之三都被建设美国铁路的五大铁路公司瓜分。

据说，19世纪末纽约证券交易所铁路股的市值超过股票总市值的60%。在这样的状况下，摩根财团以铁路为核心，业务延伸到众多产业，成为美国最大的财阀。难以计数的"过剩资本"从已经基本上没有经济发展空间的英国流到美国。英国的投资者亟须获得远隔大西洋的美国的各种信息，这是因为他们对于这片陌生的大陆开展投资充满担心。

1849年，亨利·普尔（1812—1905）担任《美国铁路杂志》的主编，他将美国铁路债券的信息提供给英国的投资者。1900年，约翰·穆迪（1868—1958）创立穆迪投资者服务公司，开始提供各种公司的投资分析。在此基础上，标准普尔公司和穆迪公司发展成为美国两大信用评级公司。

利用从英国等地流入的大量以获利为目的的资金，控制了铁路和钢铁等行业的摩根、垄断了石油行业的洛克菲勒、垄断了电报系统的杰伊·古尔德（1836—1892）、轮船和铁路巨头范德比尔特（1794—1877）等少数实业家赚取了巨额财产。财富集中到极少数人手中，严重的两极分化成为美国资本主义的特色。1862年，美国50家工业企业创造的产值超过了美国工业总产值的三分之一，500家工业企业创造的产值超过了工业总产值的三分之二。

美国工业到19世纪末超过英国占据世界首位。随着美国西部大开发，农场的数量及总面积在30年间基本上实现了翻番。

伴随着经济的迅猛增长，股票交易也日益活跃。1882年，道琼斯公司成立，开始发行能够一览股票和债券最终成交价的"客户晚函"。为了满足客户尽快得到股市信息的需求，开始利用电信提供股市信息。1895年，查尔斯·道（1851—1902）开发出了股票市场价格指数，开启了近代股市投资的序幕。发展到后来，通过报纸即可对所有上市公司的股价一览无余。

根据1890年开展的美国国势调查结果，西部未开垦的土地已经大幅度减少。西部开发的热潮告一段落。

营销大行其道的美国

在基础设施相当落后而又幅员辽阔的美国，商品的销售极难开展。19世纪下半叶，美国才具备对于商人来说非常有利的几个条件：①数量庞大的移民流入；②横穿美国的铁路的开通和将五大湖和东部连接起来的伊利运河的开通，通过这两个具有象征意义的大事，运输业开始发达起来；③工业生产跃居世界首位；④通过南北战争，美国市场实现一体化。进入20世纪以后，美国迅速发展成为商业帝国。如果把金融看成是从商业派生出来的话，美国继英国之后成长为商业大国。

在大量生产、大量消费的生产生活方式下，将商品广告宣传、媒介等联系在一起的商人开始大展身手。进入20世纪以后，"营销"得到了迅猛发展。

营销成为美国经营学的核心，其内容涵盖多个方面，诸如开展市场调查，从制造到运输、保管、销售的流通过程的合理化，增强广告宣传效果等，对企业如何创建合理的市场开展全位分析。

营销的目的被一些人说成是"为满足消费者对商品信息的需求，让消费者获得真正的价值，企业需提供一切力所能及的服务"，但这只不过是继承了以往的商业资本传统、试图通过流通过程赚取最大的利润，将商人的活动方式理论化而已。

美国的商业资本，将大众传媒、竞技体育、好莱坞大片、爵士音乐等组合在一起，形成了通过广告驱动大量商品刺激大量消费的社会，即所谓的"大众消费社会"。

20世纪初，哈佛大学创立了商学院，提供工商管理硕士课程不久便普及到其他大学。美国企业为拿到工商管理硕士学位的人提供优厚的待遇，世界各地的人们前往美国商学院留学成为热潮。

美国隔着太平洋盯上中国市场

美国向西绕行进入中国市场

美国西部大开发告一段落，经济发展的势头已经明显减弱，于是美国试图充分利用地缘优势，把太平洋作为新的突破口，染指巨大的中国市场。

美国东临大西洋，西临太平洋，具备了英国无法企及的优势。就算是曾经非常强大的英国，也难以进入距离遥远的北太平洋。英国支持日本萨摩、长州两藩的讨伐幕府运动，后来又与明治政府结成英日同盟，目的就在于瓜分中国市场。

美国采取的扩张战略是一边通过门罗主义牵制欧洲对美洲的干涉，一边通过控制太平洋对中国市场实施经济侵略。

为美国提出"建设海洋帝国"这一宏大战略的，是曾任美国罗得岛州纽波特海军学院院长的阿尔弗雷德·马汉（1840—1914）。他把授课的讲义整理成著作出版，名为《海权论》。马汉的理论不仅被美国政府采纳，还对德国皇帝威廉二世（1859—1941，在位时间为1888—1918）和日本的海军大将秋山真之（1868—1918）等产生了影响。德国、日本推行的建设海洋的方略，都是根据马汉的"海洋实力"战略理论制定的。

马汉为美国的海洋建设提出了三点主张：①创建近代海军；②在海外建设海军基地和扩张殖民地；③掌握制海权，增强海洋实力。美国根据上述主张，组建舰队，组建保卫商船和舰队的补给基地的海军，试图占领连接大西洋和太平洋的加勒比海，挺进太平洋。

美西战争和巴拿马运河建设

处于大西洋沿岸的美国要想挺进太平洋，就必须控制加勒比海，将其作为中继海域。西奥多·罗斯福总统（1858—1919，在位时间为1901—1909）以武力圈占加勒比海，通过"棍棒政策"将战火扩散，把本来是"西班牙之海"的加勒比海强行变为"美国之海"。

1898年，在西班牙领地古巴爆发了反抗西班牙殖民统治的起义，美国以保护美国人的生命和财产安全为借口，派遣最先进的"缅因号"军舰进驻哈瓦那港。但是，同年2月15日，"缅因号"军舰在哈瓦那港突然谜一般地被击沉，乘员266人牺牲。被击沉的原因至今不明。

但是，美国的大众报纸单方面认定"缅因号"军舰被西班牙击沉，主张立即对西班牙开战。美国的广大民众也发出同样呼吁。因此，美国为了开战，摆出强硬姿态，向西班牙提出了立即撤出古巴的无理要求。正如美国所希望的那样，西班牙向美国发出宣战布告。同年，美西战争爆发。美国成功地将西班牙逼入战争绝境。

美国国务卿约翰·海伊（1838—1905，在位时间为1898—1905）把四个月就结束的美西战争称为"打得非常漂亮的小规模战争"。由此不难看出，这场战争成为实现美国"称霸世界政策"的第一步。美国打败西班牙，将古巴、波多黎各置于自己的统治之下，进一步攻占了太平洋的关岛和菲律宾群岛。1898年，栽种甘蔗的美国移民借助美国海军的力量推翻了夏威夷政府，再以满足居民的愿望为借口把夏威夷吞并。这样一来，美国把加勒比海—夏威夷—关岛—菲律宾连接起来，打通了进入东亚的航路。

1914年，在第一次世界大战爆发后，美国建成了巴拿马运河。船舶通过运河只需要7~8小时。

美国民营银行仿照英国取得美元发行权

美国作为联邦制国家，联邦主义者主张强化联邦政府的权限，"主权在州"论者主张强化州的权限，导致美国的金融长期处于混乱状态。特别是自美国第二银行被关闭之后，地方的民营银行自由发行银行券的局面长期持续。此时，美国的纸币不可能成为国际货币，贸易结算只能使用英国的英镑。

在这一过程中，1907年，美国发生了巨额资金收购铜山公司却以失败告终的事情，得知消息的人们蜂拥赶到为收购提供融资的银行挤提现金。人们对于银行系统的担心引发连锁反应，纽约证券交易所的股价下跌至上一年最高值的一半。地方银行急于从都市银行提取现金，都市银行急于抢先从纽约的银行提取现金，人们陷入焦虑之中，金融危机迅速扩散。

当时，还传出了纽约排名第三的信托公司尼克博克公司破产的消息，人们的金融恐慌愈发加剧。如前所述，美国合众国银行已被关闭，并不存在为银行提供资金的中央银行，美国整个国家的经营危机已经暴露无遗。在此危急关头，摩根银行率先出资300万美元，把从各家银行筹集来的资金加在一起，构建了防止危机进一步扩散的"蓄水池"，避免了银行倒闭的"多米诺骨牌效应"。摩根银行"事实上"发挥了中央银行的作用。

随后，为了防止金融危机的发生，美国财政部启动了2500万美元的巨额资金，事态终于平静下来。

1908年，美国参议院对发生金融危机的原因展开调查，为了应对未来可能发生的危机，政府设立了国家金融委员会。经过各方面的不断磋商，在第一次世界大战爆发前的1913年，联邦政府和银行终于达成协议，在威尔逊总统（1856—1924，在位时间为1913—1921）的认可下，建立了由联邦储备局和联邦储备银行组成的联邦储备系统（所谓"储备"是指为应对危机准备的"存款储备"）。联邦储备系统实际上是美国的中央银行。

根据1935年美国的银行法，联邦储备局改名为联邦储备理事会。设置储备理事会的目的在于监督在美国12个联邦储备银行公平地分配货币。设在各个地区的联邦储备银行接受来自各加盟银行的资金，向各加盟银行放贷，以商业票据为担保发行美元。根据联邦法律设立的银行被赋予必须加盟联邦储备银行的义务，但根据各州的法律设立的银行可以自由决定是否加盟联邦储备银行。

由于联邦储备系统的建立，美元终于得到了人们的认可。西奥多·罗斯福总统主张，"货币的发行应该交到政府手中，必须免受华尔街的支配。对于国家的货币和信用体系交到民营银行这一规定，我们表示坚决反对"。但是，从结果来看，美元的发行权还是由民间银行掌握。掌握着美元发行权的民间银行在美元作为世界货币的整个过程中一直获取着巨大利益。

在美国联邦储备银行中最大的银行是纽约联邦银行，但其最大的股东是高盛、大通曼哈顿银行，此外，还有伦敦、柏林的罗斯柴尔德银行，汉堡、阿姆斯特丹的瓦尔堡银行，巴黎的拉扎德公司等欧美的犹太人设立的大银行。

美国联邦储备理事会的主要职责是对民间银行进行监管、实施金融政策、维持支付系统、买卖美国财政部证券（相当于国债）等。在美国，设置在12个地区的联邦储备银行拥有在各自的地区发行联邦储备券（美元纸币）的权限，美元如今早已成为"国际货币"。

美国政府并不持有联邦储备银行的股份，位于12个地区的金融机构有义务持有联邦储备银行的股份，将政府排除在货币的发行体系之外，大银行掌握货币发行的权限。不仅是美国的银行，欧洲的银行对于美元的发行也拥有一定的影响力。这与政府持有大半股份的日本银行（日本的中央银行）具有完全不同的特征。肯尼迪总统（1917—1963，在位时间为1961—1963）为了筹集越南战争的经费以及确保福利开支的财源发布总统令，让美国财政部发行美元纸币，这样就有联邦储备理事会和美国财政部发行的美元同时流通的情况。但是，肯尼迪总统此后不久遭到暗杀，美国财政部发行的美元纸币被政府回收。

第10章

发战争横财的美国

世界经济中心的大转移

第一次世界大战和英国的财政危机

19世纪下半叶，由欧洲一些国家构建的统治世界的体系，因突然爆发的第一次世界大战而彻底崩塌。第一次世界大战是因英国、德国的"霸权"之争而引发的。英国虽然凭借英镑纸币的世界货币地位获取了巨额利益，但由于庞大的军费开支导致严重的财政危机。欧洲大陆各国同样走向衰落，世界格局出现重大变化。

在欧洲，自拿破仑战争以来已经大约有一个世纪没有发生大规模的战争，因此，最初很多人认为第一次世界大战也会在短期内决出胜负。但是，由于第二次产业革命以后兵器的长足进步，战争的性质变成了长期的"总力战"。所谓总力战，意思是指"不但要充分动用军事力量，而且要对国家的人口、资源、生产力开展总动员的长期战争"。

第一次世界大战后，英国、法国虽然是战胜国，但也背上了巨额的战争债务，走向没落。世界经济的霸权转移到经济体制尚未成熟的后发国家美国，"欧洲把全世界作为殖民地进行统治的时代"走向终结。但是，第一次世界大战后，英国和法国通过签署《赛克斯—皮科协定》把中东的阿拉伯国家瓜分为各自的殖民地，其殖民经济得到了发展。

美国认为英日同盟对于美国的世界政策构成障碍，通过华盛顿体系将其解除，为挺进中国奠定了基础，但是，没能积极地发挥引领欧洲向前发展的作用，这可能也与此前美国与欧洲错综复杂的关系有关。在凡尔赛会议上，威尔逊总统建议设立的国际联盟，由于共和党的反对而没能在国会通过。

在大战中宣布保持"中立"的美国，将工厂生产出来的各种军需物资向欧洲出口，坐收"渔翁之利"。在战争中，英、法等国在纽约的华尔街总共发行了20亿美元的债券。对于美国来说，如何回收这些国家欠下的庞大债务，成为美国战后需要解决的最大课题。

1917年，俄国与德国达成停战协定，当德军将主力全部投入西部战线时，美国以由于德国潜艇的无限制、无差别攻击致使英国的客船卢西塔尼亚号被击沉的事件为借口参战，其真实目的是把战局朝着英国、法国胜利的方向引导，这样战争结束之后这两个国家就可以偿还欠美国的债务。其中包括额度极大的进口货款以及战争债券，大战之中，英国和法国对美国欠下的债务分别膨胀到36.96亿美元和19.7亿美元。

美国的黄金保有量在1914年年末为15.26亿美元，到1917年年末实现了翻番，随后还保持增加的势头。"移民之国美国"不仅一举还清了欠下的所有债务，还变成了世界最大的债权国。商业和金融业这两个方面所具有的优势，成为美国经济发展的力量源泉。

即使在工业方面，美国所处的地位也得到了飞跃提升。从开战之前的1913年到战争结束之后的1925年，美国的工业产能相对于欧洲（不包括俄国）的比率由66%上升到97%。可以这样理解，美国的工业生产能力已经与整个欧洲相匹敌。

第一次世界大战后，在英国的经济复兴进展缓慢的情况下，伦敦的金融城为了恢复关键货币英镑的国际地位，重新回到金本位制。美国和法国也维持金本位制。不过，要想让资本从美国流向欧洲这一时代趋势发生逆转，也是不太可能的事情。

英国在世界大萧条（1929—1933）中的1931年，为了维持经济运行，不得不再度放弃金本位制。英格兰银行从关键货币"英镑的大总管"沦落为单纯的为英国政府提供金融服务的银行。世界金融中心从伦敦的金融城转移到了美国的华尔街。

飞机、坦克的出现和变成战略物资的石油

发生于1914年的马恩河战役是第一次世界大战的第一场激战，这场战役的弹药消耗量相当于整个日俄战争消耗的全部弹药量，德国和法国在开战后的三个月就已经将全部弹药储备消耗一空。在1916年的凡尔登战役中，三个月之间德法两国军队射出的炮弹多达2700万发，两军的死伤者各自多达50万人。法国的西部战线长达280千米，德法两国军队之间悲惨的阵地战持续了很长时间。"总力战"需要投入大量兵力，英国、法国、俄国、德国动员的兵力分别约为900万人、850万人、1200万人和1100万人。

德国的克虏伯公司生产的大炮射程达到120千米，以这种大炮为代表，各国生产的大炮都朝着大型化方向发展，机关枪的性能也得到飞速提升。不仅如此，坦克、卡车、战斗机、飞船、大型战舰、潜水舰、鱼雷以及多达约40种的毒气弹等拥有高度杀伤能力的武器都投入了战场。尤其是用汽油发动机驱动的坦克、卡车及飞机的出现具有非同寻常的意义，数千辆坦克、数十万辆卡车、远远超过1万架的飞机被投入战场。在第一次世界大战中，用内燃机驱动的飞机、坦克、卡车成为主要的武器，以煤炭为能源的时代已经转向以石油为能源的时代。石油产业引领世界经济的时代已经到来。

1859年埃德温·德雷克在宾夕法尼亚发现油田，洛克菲勒对输送大量石油的各种方法进行考察，于1870年设立标准石油公司，并着手在得克萨斯、墨西哥湾采掘大量石油。另外，19世纪70年代，里海西岸的巴库油田产量较大，法国的罗斯柴尔德家族通过铁路经由黑海把石油运到欧洲。这就出现了洛克菲勒家族与罗斯柴尔德家族在石油领域展开角逐的局面。另外，第一次世界大战导致奥斯

曼帝国解体之后，英国和法国签订了《赛克斯—皮科协定》，英国将伊拉克纳入其殖民地，由此对伊拉克的石油资源进行了大规模开发。

利用飞机进行的轰炸突显了战争对经济的巨大破坏性。这是因为，对于集中了各种大型基础设施的大都市的破坏变成了一件极其容易的事情。

俄国、英国、法国经济遭受的重大打击

第一次世界大战中，经济实力相对薄弱的俄国损失惨重。俄国农民被动员上了战场，粮食生产受到严重影响，粮价暴涨，导致民众怨声载道。

1917年3月，以俄国首都彼得格勒发生的粮食暴动为契机，临时政府在苏维埃（由工人、农民和士兵组成的代表会议）的支持下推翻了罗曼诺夫王朝。俄国在临时政府的主导下继续参加第一次世界大战，但是，民众的生活雪上加霜，在德国秘密警察的协助下，列宁（1870—1924）与159名革命家一道乘坐"弹丸列车"经由德国匆忙回到俄国。列宁带领布尔什维克党于1917年11月发动政变推翻临时政府，建立了由布尔什维克党领导的社会主义政权。

取得了革命胜利的俄国从资本主义经济体系之中摆脱出来，对欧洲经济造成重大打击。不仅如此，俄国政府单方面撕毁了与欧洲国家之间的一切债务合同，由于此举遭受打击最大的是法国，在俄国的对外债务中，法国占了80%，主要是法国为俄国修建西伯利亚铁路提供的融资；其次是英国，俄国对英国的债务占俄国对外债务的14%。此外，俄国的民营企业被国有化，欧洲各国的银行以及企业对俄国民营企业的贷款统统化为乌有。这也是导致欧洲经济急剧衰弱的原因之一。

美国未能夺得霸权的背景

美国作为一个新兴国家，19世纪采取了与欧洲各国互不干涉（门罗主义）的带有保守性质的外交政策，但是，急于走向世界的金融行业集中的华尔街试图尽快夺取世界霸权，建立一种新的国际政治秩序，以取代欧洲的殖民体系。民主党的威尔逊总统按照华尔街的意图，主张根据"十四条和平原则"实行"民族自决"，在凡尔赛会议上提议创建"国际联盟"。美国认为19世纪欧洲的殖民体系阻碍了美国国际商业活动的开展，于是美国试图以国际联盟为核心对国际秩序进行重组。

威尔逊总统主张建立以国际联盟为核心的国际新秩序，取代以往的欧洲式的势力均衡。但是，趋于保守的美国国内发出了反对的声音。

在议会的参议院占据了多数席位、代表平民利益的保守政党共和党从传统的孤立主义的立场出发对于以下两款规定表示反对：①加盟国保障其他加盟国的领土完整和政治独立；②在其他加盟国遭受来自外部的侵略时拥护其独立。

1920年11月，美国参议院以赞成39票、反对55票的结果，对批准包括创建国际联盟在内的《凡尔赛条约》提出了否决性决议。美国重归传统的孤立主义。

美元借助德国的赔偿问题挺进欧洲

在巴黎和会上，英国代表团的首席代表凯恩斯想到，战胜国对德国的过于苛刻的惩罚很可能再次引发欧洲的战争。凯恩斯极其冷静地阐述他的见解，德国为了偿还赔偿金必须大幅度扩大出口，即使德国还清了赔偿款，英国的工业也已经被德国摧毁了。

但是，根本摸不准时代脉搏的英国、法国的政治家始终坚持以牺牲德国为代价，让国家摆脱危机。英法两国对德国提出的赔偿金高达1320亿德国马克（约折合716.82吨纯金），相当于德国20年的国内生产总值。

德国眼看实在无能为力就暂停了赔偿款的支付，法国以拖延赔付为理由纠集比利时占领了德国的鲁尔地区（德国最重要的工业地带）。对此，德国政府号召当地的工人发动大罢工，工厂、煤矿进入无限期停工状态。德国政府为了支付工人的工资只好大量增发纸币，由此引发了毁灭性的通货膨胀。半年之间马克的价值下跌到第一次世界大战时的1万亿分之一。纸币跌落到与"纸"一样的价值，塞得鼓鼓的一袋子钱只能买到一块面包，德国民众陷入了悲惨的境地。

后来经济学家亚尔马·沙赫特（1877—1970）担任德国货币委员会委员，发行了新纸币——地产抵押马克，用1新马克兑换1万亿旧马克的比率换回旧马克，然后将旧马克付之一炬。恶性通货膨胀得到奇迹般地成功治理。

货币价值的暴跌导致欧洲经济陷入混乱，对美国来说也不是一件好事，因为美国对欧洲各国拥有巨额债权，欧洲货币价值的暴跌无疑导致美国债权的缩水。1924年，美国银行家查尔斯·道斯（1865—1951）确定了一个方案，那就是由美国和欧洲的银行分别负责筹措约1.1亿美元贷给德国，帮助德国度过危机。赔款问题也得益于这个方案，大体上有了落实计划。按照华尔街的惯例，美国在提供给德国的贷款当中，扣掉10%的业务受理经费。道斯于1925年获得诺贝尔和平奖，在1925年至1929年间任美国副总统。

因汽车而改变的美国商业

拉动美国经济驶入快车道的福特T型车

第一次世界大战后，美国的资本主义经济进入新的发展阶段。在可供开发的土地极其广阔的美国，使用了机械、化学肥料、杀虫剂实现农业的规模化，牛、猪、鸡的大量专业性饲养取得长足进展，工业也实现了产品多样化和低成本化，美国社会出现了基于大量生产、大量消费的"大众消费社会"，大量生产相应地改变了商品的流通和消费。

在熟练工极其缺乏的美国，工厂将零部件标准化，并由非熟练工将零部件组装的大量生产方式得到快速发展。引导这一经济新潮流的就是电力和内燃机的普及，以及石油产业、汽车产业和电器产业、电影产业等的大发展。

不过，如果有人问，从20世纪到21世纪，哪一个是让世界经济发生重大飞跃的产业？那么笔者会毫不犹豫地回答，是新兴的汽车产业。汽车产业促使美国的资本主义的发展进入新阶段。那么，我们来看一下第一次世界大战前后美国的汽车生产情况吧。

出生于密歇根州的爱尔兰移民家庭、一生秉持平等信念的亨利·福特（1863—1947）于1896年完成样车生产之后，于1903年创立福特汽车公司，致力于制造广大民众也能买得起的汽车。福特公司的理念是用低廉的价格生产出民众能够买得起、结实、驾驶操作简单的汽车。如果没有既便宜又结实的交通工具，人们在幅员辽阔的美国生活会很不方便。汽车就是"用机械制作的马"或者"用机械制作的带篷马车"。将汽车以比马低廉的价格提供给民众，是福特一直抱有的梦想。要想让这个梦想变成现实，福特决定制造既便宜又坚固的福特T型车。

福特采用将作业程序标准化、将特殊的作业在专用机床之间通过传送带一边移动、一边完成组装的方式（泰勒自动生产系统），通过标准化和流水线作业实现汽车的低成本化。此后，在汽车生产领域，福特汽车公司的生产方式被延续下来。

1909年，福特T型车一面世，就以950美元的低价格、四个排气筒的魅力十足的设计和最高时速72千米的卓越性能大获好评，成为年销量超过1万辆的畅销车。如果考虑到T型车的前身K型车的价格为2500美元，就可以理解福特汽车的大众化进展之快。

为了降低生产成本，福特到芝加哥的一家肉联厂参观，当他看到工作人员将沿着头顶上的轨道移动的牛肉进行切割时，就将这种传送带方式采用到汽车生产上面。流水线作业的组装方式，虽说此前就已出现，但经福特采用之后才被广泛应用。

福特对零部件的组装和生产线进行科学分析，对作业工序进行彻底改良，据此诞生了新的工业生产方式。

到了1913年，发动机的组装采用了传送带方式，终于所有工序都实现了流水线作业，生产效率大幅度提升，以往花费12小时才能完成的车架组装缩减到1小时30分钟，1909年每辆车950美元的价格到1926年下降到290美元。截至福特T型车停产的1927年，福特公司共生产了1500万辆汽车，成为开拓经济新时代的"大热门商品"。

20世纪20年代在美国兴起的流通革命

19世纪末，已经遍布欧洲各都市的百货公司开始在纽约、芝加哥等大都市普及。1929年，美国百货公司的销售总额超过40亿美元，达到美国社会消费品零售总额的9%。商人通过传统的都市生意赚取了数额不菲的利润。

福特公司制造的"用机械制作的马",促使更加广阔的地方变成商人赚钱的市场,并由此引发了商业的大变革。在距离都市稍远的地方,由同一经营者按相同规格设计的多家配有宽阔停车场的便利店的"连锁商店"迅猛推广。通过这种汽车与广告宣传相结合的流通革命,创造出了"美国式的生活方式"。

在人口稀少的农村地区开办与人口密集的大都市同样的百货公司,人们驾驶汽车前去购物,这是一种新的美国式的生活方式。

大批量采购商品、集中发布广告压缩经费、提供更廉价商品,成为一种普遍的美国式的销售方式。无论是城市居民还是农村居民,实现了平等购物的理念。正如20世纪20年代被称为"连锁店的时代"那样,各个商店都贯彻低价格战略,追求薄利多销,并赚到了以往的销售方式无法比拟的巨额利润。

例如,纽约州乡下开始逐步拓展的伍尔沃斯商店("5~10美分商店",近似如今的"100日元商品店",因为价格便宜很受大众欢迎),商家在以红色和金黄色为基本色调统一起来的陈列窗内展销日用品,收到非常良好的效果,店铺数量由1900年的59家增加到1920年的111家。在此期间的1913年,该商店的创始人弗兰克·伍尔沃斯在曼哈顿建起了高度为241米(共57层)的伍尔沃斯大厦,它是当时世界上最高的大楼,同时也是一座充满神奇和浪漫色彩的地标性建筑,可见伍尔沃斯商店的确取得了不菲的销售利润。

20世纪20年代的美国拥有超过800家的"连锁店",各家商店纷纷降价促销,展开着异常激烈的竞争。这样一来,削减人工成本就显得非常重要。到了1930年,纽约州出现了自助式的商店,顾客可以绕陈列架一圈自己选购商品,最后在出口处结账。这就是"超级市场"的原型。

连锁店推行的低价格战略,与独家经营的零售店以及生产厂家之间矛盾日益激化。这种主要依靠削减人工成本实现商品大幅降价的销售策略，使得传统零售业的生意难以为继。始于1929年的世界大萧条，更加剧了上述矛盾。美国各地的人们掀起了一场抵制连锁店的运动，1933年前后，28个州向议会提交的抵制连锁店的法案多达689个，这些法案的主要内容就是政府应该根据连锁店的店铺数量和销售额对其实行累进征税，店铺数量越多、销售额越高，税率也更高。

为此，覆盖多个州、拥有多家店铺的连锁店纷纷陷入经营危机。连锁店为了克服危机，采取了扩大每家店铺的经营规模的对策。连锁店通过增加大型商店，削减店铺数量，采用自助购物方式，同样达到了削减人工成本的目的。20世纪30年代以后，美国各地涌现大量超级市场。

大萧条导致全球商业大衰退

美国政府应对泡沫出现失误

第一次世界大战结束以后，美国的工业生产在世界的占比高达42%，已经进入大量生产、大量消费的"大众消费社会"，汽车、收音机、洗衣机、电冰箱等已经普及，美国呈现经济繁荣的景象。这段时期后来被称为"狂躁的20世纪20年代"。这个时期起，一些人将汽车作为身份地位的象征，由于普遍采用分期付款的方式，汽车销量连年攀升，美国的汽车保有数量由700万辆猛升至2300万辆，达到了1919年的3倍多。

约翰·柯立芝总统（1872—1933，在位时间为1923—1929）时期，资本主义发展采取了全面自由放任的政策，不干涉自由市场运行，一心只顾经济发展。他是首位利用快速普及的收音机从白宫向民众发表政治演说的总统，也是维持自由放任的经济政策的最后一位总统。

这一时期，世界各地的黄金大量流入美国，美国的银行担心引发国内的通货膨胀，各联邦储备银行不再接收新流入的黄金。这样一来，美国的货币数量不再增加，从国外流入的黄金都被民间储藏起来。相应地，世界各国的货币数量也陷入下降通道，推迟了世界各国经济的好转。

在这种背景下，美国的通货紧缩日益加剧，经济陷入失衡局面。过剩的资金流入不动产市场和股票市场，股价进入持续攀升的局面。

当时的美国，股民多达300万人，已经进入"民众投资的时代"，民众还可以把手中的钱交给投资信托公司来打理，因此投资信托开始普及。1929年一年时间，美国增加了265家投资信托公司，由此可见当时经济过热的程度。因为股票的价格过高，普通百姓难以进行股票投资，所以，20世纪20年代中期，筹集小额资金开展投资活动（公司型投资信托）的方法被人们开发出来。

投资信托是产生杠杆效应的金融产品，投资者通过积累保证金借钱购买投资信托。人们坚信经济增长率将持续攀升，纷纷加入投资大潮之中。

美国的银行和企业接连倒闭

1929年10月24日（星期四），纽约华尔街的证券交易所发生股价大暴跌（"黑色的星期四"）。同月29日（星期二）股价再度暴跌，一周之间，美国股市遭受的损失相当于当时美国十年的国家预算，市场的重大混乱导致美国社会出现严重动摇。

但是，胡佛总统（1874—1964，在位时间为1929—1933）在就职演说中提到，"美国人最终战胜贫困的日子即将到来，这是在无论哪个国家的历史中都没有发生过的伟大成就"。可见，胡佛对于美国经济保持着坚强的信心，他相信经济萧条很快就会过去，随后美国会出现经济繁荣，对经济的运行仍然坚持自由放任政策。不仅如此，美国还通过提高进口关税的税率保护国内产业，导致世界各国的经济出现严重恶化。消费的急剧下降，会导致商业、金融陷入衰退。因此，这个时候，美国亟须进行根本性的改革。

胡佛认为，通过出台"胡佛延期偿付方案"，将因第一次世界大战产生的战争债务的返还延期一年，世界经济就会走向好转。但是，随着事态的恶化，胡佛开始推出政府干预措施，通过发行国债创造需求，推进科罗拉多河胡佛大坝的建设，但为时已晚。

美国经济陷入因危机引发的恶性循环之中。经济危机前的1928年，美国有超过2.6万家银行，但到了1933年，减少到1.4万家，总资产损失了近30%。企业因无法筹措资金而纷纷破产，失业者、无家可归者充斥大街小巷。

1929年到1932年，美国股价下跌了90%；1929年到1933年，美国工业生产萎缩一半。到危机最严重的1933年，失业者多达1300万人，美国的失业率高达25%，也就是说，城市就业人口平均四人之中就有一人失业。美国的商业也遭受沉重打击。

由于消费的下降，占美国人口总数四分之一的农民也遭受了沉重打击，在经济危机的过程中，农民的收入减少了一半，美国南部的棉花农户的消费水平下降了70%，陷入非常悲惨的境地。

当时的美国还没有开展失业统计工作（自1937年开始实施），在19世纪以"违反宪法"为由被废止的所得税，到1913年恢复实施，但经济体系仍然极不健全，收入差距不断扩大。经济学家加尔布雷斯指出，当时占美国人口5%的富裕阶层获取了美国国民总收入的三分之一。

美国经济危机的影响很快波及全世界。一波未平一波又起，反复出现的美国银行危机致使零散且脆弱的银行经营陷入动荡之中，三分之一的银行破产倒闭。

在这一背景下，美国的银行纷纷撤回投入欧洲各国的资本。这样，美国经济大危机的影响直接波及欧洲，然后波及全世界，引发世界范围的经济危机。

世界商业陷入大崩溃

1929年10月，美国经济陷入危机之后，对于经济形势的迅速恶化深感惊恐的美国议会于1930年通过了《斯姆特—霍利关税法案》，设定了创下历史最高纪录的54.9%的进口关税税率，导致世界经济形势恶化。美国政府采取了美国至上的政策，意图在于不惜一切代价也要保住美国经济。

世界各国纷纷放弃金本位制，为了增加出口展开了"促使本国货币贬值的竞争"。国际贸易不断萎缩，失业问题加剧。

英国首相麦克唐纳（1866—1937，在位时间为1924、1929—1935）把加拿大、澳大利亚等英联邦的代表召集到加拿大的渥太华商讨对策，决定设定特惠关税，对内下调关税，对于来自联邦之外国家的商品设定200%的进口关税，这就相当于把非英联邦国家的商品拒之门外。并且，英联邦代表会议决定，联邦各国的货币与英镑挂钩，所以，各国获得的外汇都要换成英镑存入英格兰银行。这样一来，英镑的价值就能保持稳定，也就能够筹集数额庞大的战争经费。法国以本国为核心组建了区域集团，美国与拉丁美洲各国组建区域集团，世界形成了几大广域经济圈，区域经济集团化的趋势愈发明显。

经济集团化的进展导致经济危机的长期化，各国为了守卫自己的经济集团都试图打入别的集团，各国之间的对立日益激化。既缺乏资源又没有自己殖民地的日本、德国也想组建区域集团，但是力不从心，危机不断加重，为了增强政府动员国内各种资源的能力，它们开始全力构建法西斯统治，试图通过这种方式驱动国家快速前进。日本发动了"九·一八"事变，德国开始策划侵略东欧。

如此一来，各国纷纷脱离金本位制，为了增加出口，各国都采取促使本国货币贬值、提高进口关税的举措，不惜代价地开展恶性竞争，致使国际货币体系崩溃。在这一背景下，国际货币制度取代了国际金本位制。

世界"钱"和"物"的秩序被打乱，20世纪三四十年代，世界再度陷入更大规模的战争（第二次世界大战）之中。

德国通过创立汽车工业摆脱了经济危机

在欧洲，德国因失去了美国资本的支持，经济危机不断加重。由于美国的银行纷纷抽离资金，四年之间，德国60%的工厂倒闭；1932年，德国失业率高达40%，失业人口超过600万人。与1929年相比，德国的工业生产能力下降了50%以上。对于这种极其糟糕的局面，议会也未能制定出有效的经济政策。民众不得不把希望寄托在独裁专制的德国社会主义工人党身上。

掌握了政权的德国社会主义工人党制定了《全权委任法》，获得了不受宪法约束的立法权，制订了利用失业保险的公积金开展大规模重建的计划——也就是1933年的长达1.4万千米、横跨德国和奥地利的"德意志高速公路"的建设。德国政府试图通过大规模的公共投资为失业者提供就业机会。

建设德国高速公路的另外一个重要目的，就是培育在军事方面也有极大用途的汽车产业。1932年，德国的汽车保有情况是平均每百人拥有一辆汽车，与美国的平均每五人一辆相比，存在着非常大的差距。因此，德国还有非常大的经济发展空间。

希特勒（1889—1945）试图通过大量生产"大众"汽车，采用汽车款项从购买者每月工资中扣除的方式促销，让汽车实现大众化。也就是说，通过移植汽车文明、振兴汽车产业，德国的经济实现了奇迹般的复苏，恢复到经济危机前的1928年的水平。

第二次世界大战的根源之一——民族主义

民众的贫穷和民族主义的兴起

第二次世界大战是在整个世界已经从经济谷底摆脱出来的状况下，德国统治者利用民族主义浪潮，把与民族主义相联系的领土问题上升为国家间的矛盾焦点而引发的。法国和英国给德国经济造成过重的负担，激发了德国人的同仇敌忾意识和民族意识觉醒，德国统治者将其作为政治资源加以利用，成为德国发动战争的根本原因之一。

第一次世界大战即将结束的时候，为了从战争中摆脱出来，俄国通过《布列斯特—立托夫斯克和约》放弃了此前占领的东欧的领土。后来，成为苏联最高领导人的斯大林（1878—1953）利用苏联人的民族意识，试图通过"大清洗"运动巩固自己的地位。

如前所述，成功实现经济振兴的德国开始利用民族主义情绪酝酿报复主义活动。1933年，德国在得到95%的民众支持下，从不承认德国军备平等权的国际联盟中脱离出来。1935年，德国摆脱凡尔赛体系，宣布重新扩充军备，实施征兵制。德国充分利用汽车的生产技术培育军工产业，一举建立起50万人的军队，还重新组建了空军。

1939年，德国与因第一次世界大战丧失殖民地波兰、处于斯大林专制统治下的苏联签署《苏德互不侵犯条约》，在条约的秘密条款中对两国共同瓜分波兰达成协议。

在条约签署之后的第二个月，德军、苏军先后对波兰发起进攻，对波兰实行分割占领。第一次世界大战后刚刚独立的波兰，在很短的时间内就被他国占领。英法两国为了压制德国的崛起，维持对东欧各国的影响力，于1939年对德宣战，第二次世界大战爆发。

德国于1940年5月占领荷兰、比利时之后，对法国发起进攻，同年6月占领巴黎，对英国持续实施空中打击。这样一来，意大利做出战局朝着有利于德国的方向发展的判断，加入德国一方参战。日本为了达到加入欧洲新秩序的目的，与资源同样贫乏的德国采取同一策略，1940年9月，日本、德国、意大利三国结成军事同盟。

两场石油战争决定了第二次世界大战的走向

第一次世界大战后，各国围绕石油的争夺日趋激烈。第二次世界大战中，苏德战争、太平洋战争这两场石油战争决定了战争的走向。

身为民主党的富兰克林·罗斯福总统推行"新政"，为了防止经济危机的再度发生，他通过以田纳西河谷开发公司为代表的大规模财政支出推进经济的复兴，但是，1937年美国经济突然陷入严重危机之中，在中期选举中民主党大败，形势对其连任总统极其不利。罗斯福总统决定将经济政策朝着战争的方向转换，他利用1941年苏德战争（1941—1945）打响的时机，提出"民主主义与法西斯主义的战争"口号，进而以石油为武器，将日本引向太平洋战争（1941—1945）。美国把太平洋战争当作一场克服本国的危机、为以后掌握世界霸权做准备的战争。始于同一年的两场石油战争的经过大体如下：

1941年6月，德国考虑到要想打赢长期的战争、维持多条战线必须通过占领巴库油田确保石油资源，于是下定决心向苏联发起进攻。德国根据精心策划的用三个月的时间击败苏联的计划发起了苏德战争，共出动了300万人的军队（占德军总兵力的75%）、2740架战机（占战斗机总数的61%）、3580辆坦克向苏联发起猛烈进攻。由于德国单方面撕毁互不侵犯条约，苏联遭受了沉重的打击。

在这种背景下，1941年8月，在大西洋的一艘军舰上，英国首相温斯顿·丘吉尔（1874—1965，在位时间为1940—1945、1951—1955）和美国总统罗斯福发布了《大西洋宪章》，明确了第二次世界大战是一场与法西斯国家展开的战争。美国选择了帮助苏联抗击德国的道路。

中国的抗日战争使经济基础薄弱的日本深陷困境，但是，对于试图掌握太平洋霸权的美国来说，这是一个通过加入在亚洲的战争打进欧洲战场的绝好机会。

在欧洲，德国已经发起苏德战争，与苏联展开了异常激烈的厮杀。于是，美国将目标对准了日本。

1937年，南京被日本占领之后，日本抛出了"建设大东亚共荣圈"的方针，企图把势力范围从中国东北扩大到整个中国。1941年11月，美国国务卿科德尔·赫尔（1871—1955）对日本发出《赫尔备忘录》，主要内容是如果日本不从中国撤军的话，美国将对日本采取石油和废钢铁等禁运措施。日本是在全面依赖美国石油的情况下对中国发动侵略战争的。美国财政部副部长亨利·怀特（1892—1948）在后来的布雷顿森林会议上为美元成为世界关键货币多方奔走，为确立美国的经济霸权起到了核心作用。太平洋战争是一场美国为了确立包括经济在内的战后霸权而精心策划的战争。

美国政府在1945年将《赫尔备忘录》公开发布。

日本以偷袭珍珠港的行动对美宣战之后，德国和意大利基于三国军事同盟的规定也对美宣战。于是，美国才得以在德国、苏联、英国都已疲惫不堪的有利时机加入欧洲战场。

欧洲战场和亚洲战场连到了一起，第二次世界大战扩大为波及全世界的总力战。对于担心由于德国的闪电攻击被排挤出欧洲市场的美国来说，局势朝着它所希望的方向发展。

美国利用美元和核武器掌握了战后的世界霸权

通过石油战争，苏联战胜德国、美国战胜日本，美苏两国控制了第二次世界大战的局势。

美国虽然投入了相当于第一次世界大战时的10倍的战争经费，但是，当时美国的经济因世界经济危机而陷入低迷之中，战争起到了促使美国经济复苏的作用，深刻的失业问题也得以解决。美国55%的战争经费是靠发行国债筹措的。

美国本土没有成为直接战场，能够生产大量的舰船、飞机、武器、弹药等战略物资。美国通过太平洋战争给予日本致命性打击，从而掌握了制空权。

美国从战后的东亚局势着眼，对以东京为首的日本各都市反复实施空袭，甚至把原子弹投向了广岛和长崎。投放原子弹，成为美国着眼于战后的强权政治、向各国显示美国威力的行动。

在战争形势已经明朗，法西斯国家在做最后垂死挣扎之际，美国巧妙地利用了联合国这一组织从英国和欧洲大陆国家手中夺得了"霸权"。联合国总部设在了当时世界经济的中枢——纽约。

在经济方面，在美国新罕布什尔州布雷顿森林召开的联合国与联盟国家国际货币金融会议建立了以美元作为唯一的世界货币的布雷顿森林体系，世界经济格局发生了改变。

英国在第二次世界大战中接受了美国260亿美元的有偿援助，美国为了让英国接受布雷顿森林体系，将这260亿美元中的200亿美元一笔勾销，剩下的60亿美元减免至6.5亿美元，要求英国以每年2%的利息分50年还清即可。

第11章

布雷顿森林体系的确立与崩溃

陷入两难困境的美元

布雷顿森林体系的确立

第二次世界大战结束后的30年间，美国凭借如下条件引领了世界经济的发展：①庞大的国内市场需求；②在战争中开发出电子计算机、雷达、喷气式发动机、电视机等的新技术的应用；③中东石油的大量增产；④以美元为关键货币的固定汇率制。当时，人们开始抱有这样的幻想，强势的美元能够实现世界经济的稳定增长。

1944年，在美国布林顿森林召开的联合国与联盟国家国际货币金融会议，把在世界上唯一能够与黄金交换的美元确定为关键货币，并且把黄金—美元本位制和固定汇率制组合在一起，以美元为世界货币的布雷顿森林体系得以确立。这一体系改变了世界经济格局。

与会代表把20世纪30年代各国的货币贬值、恶性竞争视为导致第二次世界大战的原因之一，达成了必须建立稳定的"世界货币"的协议，在此基础上确立了新体系。会议确定了"双挂钩"的货币制度，也就是确定以1盎司（约31克）黄金兑换35美元的固定比率，只有作为世界货币的美元才能直接与黄金交换（美元与黄金挂钩）、美国以外国家的货币以固定的汇率与美元交换（各国货币与美元挂钩）。这一货币制度的前提条件是美国无限制地满足各国中央银行提出的美元与黄金兑换的要求。想要依靠美元实现世界经济的单一化的前提是美元能够无限期地与黄金相交换。

不过，新体系存在软肋。那就是可与美元相交换的黄金的绝对短缺。美元继承了由英国创立的金本位制，但与此同时，"黄金短缺"这一问题仍旧存在。

美国虽然做出了黄金无限制地与世界货币美元相交换的保证，但实际上这是无法实现的事情。

果不其然，到美国经济不再占绝对优势时，美元与黄金的交换就变得愈发困难。第二次世界大战结束后的30年间，美元由"货币帝王"沦落为"徒有其表的第一货币"，美国不惜一切手段让美元成为唯一能够买卖石油的货币（石油—美元本位制），试图保住美元的关键货币地位。

在布雷顿森林会议上，主张让美元成为世界货币的是美国财政部副部长亨利·怀特。对于怀特提出的这一主张，英国代表凯恩斯提出，通过发行不兑换纸币，作为仅在货币当局之间使用的结算手段，并以不兑换纸币作为国际储备金结成"国际清算联盟"。但最终，为英国提供了巨额贷款的世界最大的债权国美国向英国提出交换条件，让符合美国利益的"怀特计划"在会议上获得通过。美国带着黄金短缺这一根本问题维持国际金本位制。以美元作为关键货币的世界体系得以确立。

殖民体系的崩溃

第二次世界大战后，英国等欧洲国家统治的殖民体系彻底崩溃，民族独立的浪潮席卷亚洲和非洲。美国为了给本国的商人和金融从业人员创造有利的环境，力图把世界变成单一市场；苏联也考虑到殖民地的丧失会削弱欧美资本主义国家的势力。因此，这一时期出现了对殖民地独立相当有利的国际环境。

但是，这些殖民地虽然在政治上取得了独立，但在经济方面仍难以实现自立，经济结构的转换步履维艰。殖民地想要摆脱19世纪在全世界构建起来的为欧洲国家服务的经济体系，实现经济自立。然而，其"诀窍"和"资本"均匮乏。

美元与黄金脱钩和"不确定时代"的开始

美元与黄金脱钩导致世界经济体系崩溃

第二次世界大战后，美国想要依靠美元实现世界经济的单一化是在美元是唯一能够与黄金交换的货币这一幻想的前提下构建起来的。但是，由于美国的黄金短缺，"美元幻想"发生动摇，黄金与美元纸币发行量之间的差距不断扩大，美元随时都有可能"暴跌"。

越南战争（1959—1975）导致的巨额支出加强了人们对于美国财力的疑虑。美国联邦储备局为了筹措庞大的战争经费，不断增发美元纸币。从1965年到1971年，纸币年均增发率高达7.4%，通货膨胀加剧。在这一背景下，英法两国担心美元暴跌，要求美国按照约定以"一盎司黄金兑换35美元"的比率将两国持有的美元换成黄金。

当时，德国、荷兰已经推行浮动汇率制，1967年英国为了增加出口，采取了一举将英镑的汇率下调14%以上的行动。到了1971年，越来越多的投机者认定美元很快就会贬值，金融市场动荡加剧。

1971年8月，尼克松总统（1913—1994，在位时间为1969—1974）因无法继续承受抛售美元压力，发表紧急声明，"停止美元与黄金的交换""对进口商品一律征收10%的关税""为防止通货膨胀加剧，在90天内对工资实行冻结"，并发布公告称，美国将无法满足英法两国的要求。于是，各国对美元的信任猛然跌至谷底。这个时候，日本产品在美国的售价一举上涨了17%。

1971年年末，在华盛顿召开了十个发达国家的财政部部长会议，会议签署了《华盛顿协议》，确认了在1944年布雷顿森林会议上确定的固定汇率制的终结。协议规定，在将美元的平价下调

7.66%的基础上，继续维持以美元为中心的固定汇率制。美元与日元的兑换比率由此前的1美元兑换360日元改变为1美元兑换308日元，日元升值幅度接近15%。

财政状况不见好转的美国仍在不断增印纸币，与库存黄金的偏离率越来越大，失去信任的美元再次遭到人们的抛售。

1973年2月，投机者仍在不断抛售美元，美国政府不得不断然决定，美元价格与黄金脱钩，由固定汇率制转向浮动汇率制，各国货币的价值都由外汇市场的交易状况决定。美元成为不与黄金兑换的纸币，也就是所说的不兑换纸币。

德国著名作家歌德（1749—1832）在《浮士德》第二部里，记述了恶魔默菲斯托菲里斯为面对财政困难的皇帝提出发行纸币的建议一事。纸币的发行必须有黄金等贵金属作为担保，但恶魔以"只要今后挖出黄金就可以了"为由说服了皇帝。结果，纸币被无限量地印刷出来，但纸币的价值也越来越接近于纸的价格，民众遭受了恶性通货膨胀带来的痛苦。世界经济也是同样，如果失去了稳定的关键货币，其结果只能是陷入风雨飘摇的境地。

为了让货币体系稳定下来，美国盯住了被称为"能源之王"的石油。美国设计出只有用美元计价才能开展石油交易的方案，试图通过石油交易保住美元作为"关键货币"的地位（石油本位制）。但是，如果石油价格持续高涨的话美国经济就会陷入持续通货紧缩局面，为了避免出现这一局面，美国经济就不得不依靠不断增发美元来支撑。为了保住霸权国家的地位，美国必须不断向各国施加信任美元的压力。

产业国际化浪潮和商机的扩大

对于第二次世界大战之后取得独立的广大发展中国家来说，要想实现经济发展，必须获得资源的定价权。因此，世界上掀起了资源民族主义浪潮。站在潮头的就是控制了世界能源来源的产油国。

1960年，为了抵制国际石油巨头（石油"七姊妹"，即埃克森公司、海湾公司、德士古公司、美孚公司、雪佛龙公司、英国石油公司和壳牌公司）推行的下调中东原油价格的策略，沙特阿拉伯、伊朗、伊拉克、科威特、委内瑞拉这五个产油国结成了石油输出国组织。

1973年第四次中东战争爆发，石油输出国组织借此良机发起了石油涨价战略。此前，平均每桶不到2美元的原油价格，石油输出国组织在事前没有经过与国际石油巨头商议的情况下猛然将油价提高4倍，石油涨价战略获得巨大成功。

随后，各国纷纷从国际石油巨头手中收回油田、管线、炼油设施，并且掌握了原油价格的决定权。1979年，伊朗宣布石油大幅减产，原油价格平均每桶暴涨到30美元至40美元，从根本上动摇了国际石油巨头对石油的垄断，石油的商品化取得明显进展。

国际石油巨头为了重新掌握石油价格的决定权，试图通过开发海底油田等新油田，美国开始采掘页岩石油。

20世纪70年代初期的美元危机引发的通货膨胀与石油危机引发的通货紧缩重叠在一起，在经济形势不好的情况下物价却不断上涨，这种新类型的危机（滞涨）给各国经济造成了困扰。在企业之间的价格竞争日益激化的过程中，世界性的大企业纷纷把资本和技术转移到劳动力成本较低的国家。而这对于劳动力成本较低的国家来说也是机遇，资本和技术不断流入。在英国第一次产业革命发生的200年之后，亚洲的产业化大规模展开。世界性的大银行、大企业作为主角的产业国际化浪潮，极大地改变了世界面貌。

国际经济向全球一体化经济的转变，经济活动的全球化也需要相应的经济理论作为支撑。于是，以米尔顿·弗里德曼（1912—2006）为核心的芝加哥学派的"新自由主义"开始出现。"新自由主义"否定凯恩斯提倡的国家对经济的干预，站在市场原理主义立场上全面支持企业在世界市场展开的活动。这是芝加哥学派对在全球范围内展开活动的商业资本的全面肯定，但贫富差距日益增大已经成为很多国家面临的共性问题，各国需尽快出台应对之策。

第12章

互联网革命和商业资本的复活

跨越国境的商人

世界迎来浪潮汹涌的商业和金融全球化时代

对于发达国家来说，要想摆脱20世纪70年代的通货紧缩，需要将"资本"转移到发展中国家，充分利用那里的廉价劳动力。1956年始于美国纽瓦克港的集装箱革命，促进了连接海陆空的巨大物流系统的形成，由于冷冻集装箱技术的成熟，生鲜食品的冷冻输送得以实现，覆盖全球的物流网络已经成为人们生活不可或缺的一部分。越来越多的跨国公司出现，经济全球化已经与人们的生产、生活息息相关。与此同时，由于电子计算机的广泛使用，第三次产业革命也使人们的生产、生活发生了巨变。经济全球化和第三次产业革命对于广大发展中国家来说是千载难逢的重大机遇，跨国公司给这些国家带来了巨额资本和"新次元"的技术。

资本的大规模流入、最新技术的引进、工作岗位的增多等，广大发展中国家迎来了经济发展的良机。

美国的大企业把进入中国市场作为它们世界战略的重要组成部分，试图在中国建立它们的外包工厂，在相当于美国十分之一的劳动力成本生产出的"中国制造"的产品中，获得了巨大利润。在这一过程中，中国经济获得了迅猛发展，但同时，经济的两极分化现象也日趋明显，政府把市场经济纳入庞大的经济体系，宏观经济调控的难度明显加大。

1987年，发达国家跨国公司的海外投资余额达到1967年的9倍，美国等发达国家将工业生产一部分外包给发展中国家，自己则通过在世界范围内开展商业和投资获利。

如前所述，这一时期伴随着信息技术的普及第三次产业革命的发展，特别是1995年以后，互联网空间急剧扩大，席卷全球，信息技术革命飞速发展。谷歌、苹果、脸书、亚马逊等大型企业推动了美国的商业和金融业的进一步繁荣。

在这一背景下，接受了外包的韩国、中国台湾地区、中国香港地区、新加坡通过引进新技术和资本，实现了经济的快速发展。马来西亚、印度尼西亚、越南等亚洲新兴经济体随后紧追。

电脑被各种广告霸屏

20世纪90年代以后，信息技术革命进展迅猛，通过互联网创造出覆盖全球的网络空间，正如有人称之为"大航海时代"的再现那样，世界史进入了"商业空间"迅猛扩大的时代。互联网实现了超高速化，瞬息之间就将各种信息传遍世界。同时，受到互联网的冲击，报纸等传统媒体因广告收入大幅下降，陷入经营困境。广告媒体从报纸、电视转到互联网。这就是在世界范围内发生的商业形态的改变。

20世纪末，"证券化"进展迅猛，利用信息技术对金融进行重组。经济一部分被切分转移到虚拟空间，被重组为可以随意分割的"数字的罗列"，通过它们的交换驱动现实经济的运行。

通过证券化，"数字的罗列"实现了在互联网上的移动，商人通过电脑就能完成世界范围内的交换活动。

如今，席卷全球的网络空间成为远远超过"陆地""海洋"的巨大空间，成为商人们不可或缺的"钱""物"和信息相互流通的平台。商人试图利用信息技术对人类社会的商品流通进行重组。也就是说，信息技术革命的本质就在于要实现从制造物品的时代向商业、金融业、服务业时代的大转变。互联网经济就是充分利用网络空间的商业资本经济。

人们以往在陆地、海洋开展的金融、物流业务，如今通过电脑和手机在网络空间构建的平台中就可以开展。虽然说要按照新的方式、规则来进行，但这些都可以视为全新阶段的商业资本方式。商人们通过掌握构建巨大网络空间的技术力量，在地球范围内展开"圈地运动"。并且，那些在各自的商业领域成功"圈地"的大企业，都已从中获益。

建立在互联网基础上的经济属于"物"和"钱"，"钱"和"钱"的交换，所以，从本质来看就是大规模的商业资本。

20世纪90年代以前在制造业领域引领世界的一些日本、德国等国家的企业，进入21世纪以后纷纷走向衰落。但是，并非制造业已经衰退，只不过是商业和金融业过于膨胀了。

经济全球化导致世界经济动荡

美国巨额"双赤字"

1969年，美元的发行量大约相当于1949年的1.5倍。但是，由于美国政府宣布美元与黄金脱钩，美元纸币的发行量大增。深受财政和贸易"双赤字"困扰的美国试图充分利用能够大规模增发美元的特权度过危机。

1979年，美联储主席保罗·沃尔克（1927—2019，在位时间为1979—1987）为了遏制通货膨胀，把以往的通过调控利息达到调控金融目的的政策改为对货币供应量进行管理。1981年，美国总统罗纳德·里根（在位时间为1981—1989）推出了脱离实际的重振"强大美国"的政策，对美国经济进行了重大调整。

为了缓解美国的通货膨胀，里根开始推行被称为"里根经济学"的政策，试图达到重振美国经济的目的：①提高国债利息，让全世界的资金流向美国；②打着确保设备投资的资金的名义，对富裕阶层实施大规模减税；③提出"小政府"的口号，削减面向贫困阶层的社会福祉支出。

美国对国债推行了高达两位数的高利息政策，所以，资金从全世界流向美国，看起来好像是"强大美国"的目的即将达到，但是，这一政策致使美元升值，贸易赤字不断扩大。

美国政府急剧增加军事经费，对富裕阶层推行了大规模减税，致使美国的债务负担日益沉重，两极分化也不断加剧。

美国成为金融强国

1985年，美国和英国开始推行金融自由化战略。在美国，克林顿总统（1946—　，在位时间为1993—2001）和财政部长罗伯特·鲁宾（1938—　，在位时间为1995—1999）把金融强国作为美国的发展目标。以逆向思维的方式，构建起新的金融体系，那就是"证券化"。

美国对金融业进行证券化改造，虽然风险大幅度增加但利润也显著增加。

投资银行（证券公司）通过下设的对冲基金等，把利用发行公司债券方式得到的资金投向离岸市场（设在海外的表外账户），再把通过上述行为获得的巨额利润换成美元或者美国国债，以达到获得相对稳定收益的目的。

所谓对冲基金，是指综合利用新的金融证券等各种金融交易手段，以达到无论行情看涨还是看跌都能获利这一目的的基金。

所谓新的金融证券是指抵押贷款证券、各种金融衍生产品、货币市场基金、贷款违约保险等。

英国实行证券交易手续费自由化之后，伦敦的金融城重新成为重要的国际金融市场，吸引了世界级大银行的资金以及产油国的巨额资金。

美国的投资银行充分利用杠杆效应，开发出驱动保证金几十倍的巨额资金的投资模式，金融交易的规模迅猛扩大。英国、德国的金融机构也纷纷仿效美国的这种新模式。

取代了以往的以银行存款作为本金的传统金融方式，依靠从投资者手中收集来的贷款、债券、票据等资金开展交易成为美国金融的主流。

到了1999年，在美国，1933年制定的格拉斯—斯蒂格尔法（美国进入经济危机后，为了保护存款者的利益，在美联储监管之下，将商业银行与开展股票、债券交易的投资银行严格分离）被废止，商业银行也开始扩大能够产生杠杆效应的投资业务。

美英两国由于金融自由化的迅猛进展，金融业获得的利润急剧增加。例如，在美国，20世纪80年代初，金融业获得的利润在所有产业利润总额中的占比为10%左右，到2007年，这一比例增加到40%，金融业已经成为美国经济的支柱产业。

英国金融业借助离岸金融市场恢复生机

英国对曾经的殖民地和势力范围进行重组，以离岸金融市场为据点，构建了覆盖全球的金融网络。

英美两国推行金融自由化的1985年以后，由英国伦敦主导的离岸金融市场迅速增加，据统计，全世界金融资产的一半以上、世界级大企业投资额的三分之一都流向了离岸金融市场[①]。

加勒比海的开曼群岛是名气较大的离岸金融市场，但由英国主

---

① 离岸金融市场是使用市场所在国以外的货币经营非居民之间融资业务的市场。——编者注

导的离岸金融市场主要有：①位于英法海峡的英国王室的领地泽西群岛；②开曼群岛、百慕大群岛、爱尔兰、迪拜等曾经的英国殖民地。由其他国家主导的离岸金融市场还有瑞士、列支敦士登、卢森堡、摩纳哥、巴拿马、加蓬、加纳。

第二次世界大战结束以后，金融实力明显下降的英国，为了将资金从受到严格监管的华尔街撤回到伦敦城，20世纪50年代将伦敦金融市场变成离岸市场，促使世界级大企业的资金流向伦敦城，20世纪60年代英国的殖民地体系瓦解之后，在剩余的领土及原来的殖民地构建离岸金融市场网络。也就是说，英国试图把殖民体系无一遗漏地重组为离岸金融市场网络，通过金融业获取利润。曾经的金融大国借助离岸金融市场卷土重来，在那里，最大限度地利用互联网谋利。

美元迅猛升值和亚洲金融危机

1985年9月"广场协议"以后，美元大幅度贬值，美国经济一息尚存。但是，1995年，美国政府突然对国家发展航向做出重大转变，选择了走向"金融大国"的道路，目的在于从世界各地吸引资金，美元由此开始迅猛升值。

如果将浮动汇率制与信息技术组合在一起，就有可能达到赚取巨额利润的目的，于是美国政府开始推行金融立国战略。1995年，美国财政部长罗伯特·鲁宾宣称"强硬的美元符合美国的国家利益"，美国一举转向促使美元升值的政策。

由于美国的利率大幅提升，美国的债券、股票不断被海外投资者抢购，1995年1美元可以兑换79日元，但三年后就可以兑换147日元。三年之间，美元迅猛升值到1.9倍。全世界的资金流向华尔街，美国经济出现空前的繁荣景象。在短期内，美国就增加了100

万亿美元的金融资产。

面对如此迅猛的美元升值，深受其害的就是泰国、印度尼西亚、韩国等亚洲新兴工业经济体。在对冲基金的影响下，亚洲金融危机爆发。

20世纪80年代以后，亚洲各经济体实现了被称为"亚洲奇迹"的经济高速增长，在转向浮动汇率制之后也继续维持与美元的固定汇率制。因为这些经济体做出的判断是，要想吸引海外企业和资金，防止国内的通货膨胀，维持与美元的固定汇率制是最佳的选择。在美元持续贬值期间，正如这些经济体所预判的那样，一切进展都很顺利，但是，由于美国突然调整政策，促使美元大幅升值，亚洲各经济体的货币也随之急剧升值，因此遭受了出口骤降带来的打击。

美国利用对冲基金筹集巨额资金，逢低购进大量泰铢和韩元等亚洲国家的货币，1997年7月突然开始抛售。把价格拉高之后再一举抛售，暴跌之后再全部买进。

泰国和韩国政府马上采取上调国内利率、抛售美元储备、购进本国货币等举措，但外汇储备很快见底，泰铢、韩元等亚洲货币暴跌，股价也随之暴跌。印度尼西亚的货币卢比也出现暴跌。

泰国、印度尼西亚、韩国经济陷入负增长，逐渐放弃了固定汇率制。国际货币基金组织对陷入经济危机的泰国、印度尼西亚、韩国等提供了约360亿美元的资金援助，并倡导这些国家开展经济改革。

危机之后，东盟国家与中日韩三国的财政部长在泰国的清迈举行会谈，签署了《清迈倡议》，主要内容为当有关国家面临外汇短缺困境时其他国家以货币互换的方式实施援助。实际上，这是拥有巨额美元储备的日本在其他国家面临危机时为其融通美元的体系。

美国的利率政策对他国造成的后果

20世纪末以来，美国利率的大幅度变动，导致世界经济出现剧烈动荡。操控利率的一方处于绝对有利的地位，美国的金融资本从中赚取了巨额利润。但世界各国的经济却受到了不同程度的冲击。

1998年，俄罗斯出现国债违约局面，从全世界筹集了巨额资金的美国大型对冲基金公司——美国长期资本管理公司因持有大量俄罗斯国债而宣布破产。美联储担心该公司倒闭很可能会引发银行倒闭的多米诺骨牌效应，决定出手挽救，为了抑制经济的下行，由促使美元升值政策转向促使美元贬值政策，采取"下调利率"举措，为金融市场注入大量美元。

但是，当时美国根据"依靠信息技术革命可以大幅度提高劳动生产率，实现不伴随通货膨胀的可持续增长"的主张，对信息技术产业开展大规模投资。美国政策为金融市场注入的大量资金转而涌向信息技术产业，导致对该产业投资的过度膨胀，并引发了波及世界的信息技术泡沫。到了2000年，为了抑制由于信息技术泡沫引发的通货膨胀，美联储又一举转为"上调官方利率"。于是，"资金"从信息技术产业急剧撤出，2002年，美国纳斯达克综合指数暴跌到2000年的五分之一。信息技术泡沫骤然破裂。

为了让美国经济尽快从因信息技术泡沫破裂引发的经济低迷中摆脱出来，美联储果断采取超常的货币宽松政策，一下子将官方利率由6.5%下调至1%。美联储主席格林斯潘（在任时间为1987—2006）试图通过调控官方利率实现经济的宏观调控，但是，他的利率政策使世界各国都受到了影响。

信息技术泡沫危机刚平息不久，美国又出现了新的更加严重的住房泡沫危机。随着1999年欧元的诞生，欧洲掀起新的一波全球化浪潮，约有1万亿美元的庞大资金从欧洲流入美国，用于购买当时美国市场大量存在的高回报率的住房贷款相关债券，住房价格高涨，住房泡沫出现。

20世纪90年代以后，为了摆脱泡沫破裂引发的经济衰退，日本政府接连实施了扩大财政支出的政策。试图通过扩大对公共事业的开支刺激经济回升，由于企业投资的低迷导致政府税收减少，且随着人口老龄化，社会福利预算的增加，这些因素叠加在一起导致赤字、国债持续增加，如今已经超过1000万亿日元。日本银行为了增加货币供应量，持续推行零利率政策，但在国内并不见效，反而导致日元大量流向国外，被他国投资者用来开展套息交易。日本经济出现泡沫、泡沫破裂、"失去的10年"，都与美国的利率政策有一定关系。

中国的改革开放政策带来的巨变

20世纪后期，在经济全球化浪潮中，中国积极向世界开放，高效率地利用了来自海外的资本和技术。对于欧美及日本企业来说，最吸引它们的就是中国的大量廉价劳动力，它们竞相对中国开展投资。

中国自1978年改革开放后，开始推行引进和利用外资政策。美国经济依靠积极利用中国的廉价劳动力，维持着较高的增长率；欧洲和日本的资本也纷纷涌入劳动力低廉、国内市场巨大的中国。

中国在这一过程中，大型国有企业实力大增，对于周边国家乃至世界经济带来重大影响。

2001年，中国加入世界贸易组织。中国对欧美国家出口迅猛增加，出口和投资拉动经济实现了高速增长。但是，受2008年美国经济危机的影响，中国对美国出口大幅下降。

欧洲一体化遭受挫折

20世纪90年代以来，欧洲国家摆出了与美国对抗的姿势。1993年，欧洲主要国家通过签署《马斯特里赫特条约》建立了欧洲联盟，欧洲出现了统一大市场，由政治上的统一朝着社会、经济的统一迈出了重要一步。

2002年，欧洲的统一货币欧元诞生。2004年以后，东欧10国作为新成员加入欧盟，加盟国一举扩大到25个。但是，以希腊的过多债务问题暴露为契机，南欧国家陷入经济低迷之中，美国"雷曼冲击"爆发之后，整个欧洲陷入经济低迷之中。

依靠英国的金融自由化政策，外资大量流入，伦敦巩固了其国际金融中心的地位。在欧元诞生的那一年，英国不愿意把制定金融政策的权限让渡给欧洲中央银行，拒绝使用欧元，坚持捍卫本国货币英镑。伦敦至今也是国际金融中心之一，其外汇数额超过了纽约金融市场和东京金融市场交易额之总和。

雷曼冲击

经济证券化造成的严重后果

进入21世纪以后，移民不断流入的美国发生了新的变化，在并不富裕的人们中产生了不动产热潮。在美国，房子被视为资产，买卖房子是再平常不过的事情。从事房地产行业和金融行业的人为了满足这些人的需求，为他们在一定期间按照固定利息提供贷款以及其他多种便利。

金融行业的业务人员为低收入者提供利率很高的"次级贷款"，基本上不对这些人有无偿还能力进行审核，就为他们提供贷款，这些业务人员把债权碎片化，与其他金融商品组合在一起，目的在于分散风险，然后把这些拼凑组合在一起的金融商品兜售给全世界的投资者。评级公司也全面配合，对这些金融产品给予很高的评级。

已被证券化的金融产品被世界各地的投资者买走，华尔街的"国王弥达斯"们开始欢呼雀跃起来。他们面向投资者大肆宣传"不但分散了风险，还能赚到大钱"的理念，把复杂难辨的金融产品推销出去。美国金融证券市场日益膨胀，几乎变成了投机市场。

投资者无法认清金融产品的真实面目，盲目相信评级公司给出的高评级，且受高利息诱惑而购买这些金融产品。

事实上，评级公司为满足作为老客户的投资银行的请求，投其所好地连续给出很高的评级。这与把国王的大印刻在镀金的硬币上起到同样的作用。

2008年9月，次级抵押贷款的大量坏账开始显露，证券泡沫破裂。出现危机的债权里包含了哪些证券、包含了多大比例，谁都不清楚，因此，投资者纷纷抛售手中持有的证券，泡沫经济一举崩溃，世界金融市场陷入危机状态。全世界的证券公司、银行、保险公司都遭受了重大打击。

在这一过程中，拥有员工2.5万人、成立158年的美国投资银行——雷曼兄弟公司，因负债高达大约6000亿美元而倒闭。投资银行贝尔斯登、美林也陷入经营危机。后来，贝尔斯登被摩根大通收购，美林被美国银行收购。投资银行高盛、摩根士丹利均转为商业银行。

与此同时，拥有员工超过10万人的财产保险公司美国国际集团也在融资和证券化商品出现大量坏账时，为了减少损失大量发行了贷款违约保险，因此深陷危机。但是，美联储考虑到如果美国国际集团倒闭将会引发众多银行破产，于是收购其接近80%的股份，将其国有化。这就是雷曼冲击，很多人认为它给世界造成的损失远远超过了1929年至1933年的经济危机。2009年，国际货币基金组织预测，雷曼冲击给全世界的金融机构造成的损失高达4万亿美元。

美国两极分化不断加剧

美国证券泡沫的破裂很快波及在国际金融领域占有重要地位、不动产泡沫已经破裂的欧洲。美联储主席本·伯南克（1953—　　，在位时间为2006—2014）为了克服因雷曼冲击造成的困难局面，充分利用以往的应对经济危机的经验，试图通过推行量化宽松政策，大量增发美元，引发大范围的通货膨胀，让经济重新恢复到雷曼冲击之前的状态。这些大量增发的美元大量流向巴西、俄罗斯、印度、中国等新兴经济体，美国的意图是将泡沫危机转嫁给这些经济体，以帮助美国度过危机。

中国将雷曼冲击当作促进本国经济发展的机遇，通过开展高达4万亿元的巨额投资，一方面吸引外资，另一方面通过高速公路、高速铁路的建设对内陆区域进行再次开发。当时世界各国的资本都在寻找有利的投资场所，中国的巨额投资起到了帮助世界经济走出危机的作用。

如前所述，美国的两大投资银行高盛公司和摩根士丹利公司转变为商业银行。商业银行里有政府资金的注入，可以享受由此带来的好处，也是这两大投资银行转变角色的重要原因之一。

本可能遭受沉重打击的美国金融机构，将美联储大量增发的美元积极投向其他国家，通过引发他国的泡沫获取高额收益，迅速从证券泡沫的阴影中摆脱出来。但是，美国国内的民众却仍在遭受着经济打击，无法从中摆脱，民众深受难以就业、国内产业停滞等困扰。

美国纽约州立大学斯蒂芬妮·凯尔顿（Stephanie Kelton）教授等人提出了现代货币理论，认为美元是世界的关键货币，即使发行多少、财政支出扩大多少都没有关系；他们主张为了救济贫困阶层，可以向其发放最低生活保障费。现代货币理论在美国民主党中得到越来越多的人接受。

网络资本主义的兴起

进入21世纪以后，信息技术产业迎来迅猛发展时期。以数字技术的进步为基础，机器人、人工智能、区块链、量子计算机、纳米技术、物联网、自动驾驶汽车、无人机等，各领域的技术创新突飞猛进，产业结构出现重大变化，但是，经济增长率长期低迷，两极分化加剧，导致社会矛盾不断激化。

"无止境的经济增长是不可能的事情！资本主义是不是快要走到了尽头？"在对资本主义的未来一片质疑的声音中，瑞士经济学家、世界经济论坛创始人克劳斯·施瓦布（1938— ）注重与以往的产业革命的连续性，把当今的数字革命定位于"第四次产业革命"。他认为，依靠第四次产业革命能够让资本主义迈上新的台阶。德国学术界和产业界认为，继蒸汽革命、电气革命、信息革命之后，人类将迎来第四次产业革命。德国政府将"工业4.0"项目纳入《高技术战略2020》十大未来项目之中。

在这一背景下，美国的谷歌、苹果、脸书、亚马逊公司等在覆盖世界的巨大网络空间的基础上，利用巨大的平台、搜索引擎、终端、社交网络、电子商务等，通过商业、金融、服务、宣传、广告等获取巨额利润。站在新的维度上，当今的经济中再现了商业资本。

岩井克人用"后产业资本主义""互联网资本主义"等词汇，

指出大型企业在利用信息网络获取财富。美国管理学大师彼得·德鲁克从产业资本主义并非资本主义的最终阶段、资本主义将以它的基本形态——商业为轴心不断发展下去这一立场出发，指出经济发展的原动力已经转移到"知识"上来，提倡促使当今的社会转向"知识型社会"。

参考文献

1. Ｉ・ウォーラーステイン 川北稔訳『新版 史的システムとしての資本主義』岩波書店 一九九七年

2. Ｉ・ウォーラーステイン 川北稔訳『近代世界システム』Ｉ～Ⅳ 名古屋大学出版会 二〇一三年

3. 秋田茂『イギリス帝国の歴史』中公新書 二〇一六年

4. アーノルド・トインビー 深瀬基寛訳『試練に立つ文明』社会思想社 一九六六年

5. アブー・ルゴド 佐藤次高他訳『ヨーロッパ覇権以前』(上下) 岩波書店 二〇〇一年

6. アンリ・ピレンヌ 増田四郎監修 中村宏・佐々木克巳訳『ヨーロッパ世界の誕生マホメットとシャルルマーニュ』創文社 一九六〇年

7. アンリ・ピレンヌ 佐々木克巳訳『中世都市』創文社 一九七〇年

8. 石川九楊『漢字とアジア』ちくま文庫 二〇一八年

9. 板谷敏彦『金融の世界史』新潮選書 二〇一三年

10. Ｅ・ミラン 山下範久訳『資本主義の起源と「西洋」の勃興』藤原書店 二〇一一年

11. Ｅ・メイクシンス・ウッド 平子友長他訳『資本主義の起源』こぶし出版 二〇〇一年

12. 岩井克人『二十一世紀の資本主義論』ちくま学芸文庫 二〇〇六年

13. ウィリアム・バーンスタイン 鬼澤忍訳『交易の世界史』(上

下）ちくま学芸文庫 二〇一九年

14. ヴェルナー・ゾンバルト 金森誠也訳『ユダヤ人と経済生活』講談社学術文庫 二〇一五年

15. ヴェルナー・ゾンバルト 金森誠也訳『ブルジョワ近代経済人の精神史』講談社学術文庫 二〇一六年

16. Ｆ・ブローデル 村上光彦訳『物質・経済・資本主義 15－18世紀』みすず書房 一九八五～九九年

17. 岡本隆司編『中国経済史』名古屋大学出版会 二〇一三年

18. 岡本隆司『腐敗と格差の中国史』ＮＨＫ出版 二〇一九年

19. 奥西孝至他『西洋経済史』有斐閣 二〇一〇年

20. 何清漣・程暁農 中川友訳『中国』ワニ・ブックスｐｌｕｓ新書 二〇一七年

21. 柄谷行人『世界史の構造』岩波現代文庫 二〇一五年

22. カール・ポラニー 吉沢英成他訳『大転換市場経済の形成と崩壊』東洋経済新報社 一九七五年

23. 川北稔『イギリス近代史講義』講談社現代新書 二〇一〇年

24. Ｋ・ポメランツ 川北稔監訳『大分岐 中国、ヨーロッパ、そして近代世界経済の形成』名古屋大学出版会 二〇一五年

25. ダニエル・コーエン 林昌宏訳『経済成長という呪い 欲望と進歩の人類史』東洋経済新報社 二〇一七年

26. 堂目卓生『アダム・スミス『道徳感情論』と『国富論』の世界』中公新書 二〇〇八年

27. 薩摩真介『〈海賊〉の大英帝国』講談社選書メチエ 二〇一八年

28. 重田澄男『資本主義を見つけたのは誰か』桜井書店 二〇〇二年

29. 玉木俊明『先生も知らない経済の世界史』日経プレミアシリーズ（日本経済出版社） 二〇一七年

30. デニス・シュマント・ベッセラ 小口好昭他訳『文字はこうして生まれた』岩波書店 二〇〇八年

31. Ｔ・ピケティ 山形浩生他訳『21世紀の資本』みすず書房 二〇一四年

32. 鈴木輝二『ユダヤ・エリート アメリカへ渡った東方ユダヤ人』中公新書 二〇〇三年

33. ピーター・バーンスタイン 鈴木主税訳『ゴールド 金と人間の文明史』日経ビジネス人文庫 二〇〇五年

34. ヘロドトス 松平千秋訳『歴史』岩波書店 一九七一年

35. ミシェル・ボー 筆宝康之他訳『資本主義の世界史1500～1995』藤原書店 一九九六年

36. 宮崎正勝『イスラム・ネットワーク』講談社選書メチエ 一九九四年

37. 宮崎正勝『ユダヤ商人と貨幣・金融の世界史』原書房 二〇一九年

38. 宮崎正勝『覇権の世界史』河出書房新社 二〇一九年

39. Ｍ・ロダンソン 山内昶訳『イスラームと資本主義』岩波書店 一九九八年

40. 森健・日戸浩之『デジタル資本主義』東洋経済新報社 二〇一八年

41. 山下範久編著『教養としての世界史の学び方』東洋経済新報社 二〇一九年

42. ユルゲン・コッカ 山川敏章訳『資本主義の歴史 起源・拡大・現在』人文書院 二〇一八年

43. 楊海英『逆転の大中国史 ユーラシアの視点から』文藝春秋 二〇一六年

44. 横井勝彦『大英帝国の〈死の商人〉』講談社選書メチエ 一九九七年